ニュートン超《ちょう》図《ず》解《かい》新《しん》書《しょ》

最《さい》強《きょう》に面《おも》白《しろ》い 心《しん》理《り》学《がく》

人《にん》間《げん》関《かん》係《けい》編《へん》

はじめに

人《ひと》は，どんな人《ひと》を好《す》きになるのでしょうか。これは，「対人魅力《たいじんみりょく》」とよばれる，心理学《しんりがく》の研究《けんきゅう》テーマの一《ひと》つです。

中学生《ちゅうがくせい》や高校生《こうこうせい》のときに，校庭《こうてい》で部活動《ぶかつどう》をしている好《す》きな人《ひと》の姿《すがた》を，毎日教室《まいにちきょうしつ》からながめていたという経《けい》験《けん》がある人《ひと》もいることでしょう。一般的《いっぱんてき》には，「好《す》きだから見《み》る」というのが当然《とうぜん》の順番《じゅんばん》だと思《おも》われているようです。ところが研究《けんきゅう》によると，「見《み》るから好《す》きになる」という順番《じゅんばん》もあることがわかっています。何度《なんど》もくりかえし見《み》かけるうちに，その人《ひと》のことを好《す》きになってしまうことがあるというのです！

心理学《しんりがく》とは，人《ひと》の心《こころ》のしくみを，科学的《かがくてき》な方法《ほうほう》で理《り》解《かい》しようとする学問《がくもん》です。人《ひと》の心《こころ》がどんなときにどのようなはたらきをするのか事前《じぜん》に知《し》っておけば，きっと役《やく》に立《た》つことがあるでしょう。

本書《ほんしょ》は，毎日《まいにち》の生活《せいかつ》の中《なか》で役《やく》に立《た》つさまざまな心理学《しんりがく》の話題《わだい》を，“最強《さいきょう》に”面白《おもしろ》く紹介《しょうかい》する1冊《さつ》です。どうぞお楽《たの》しみください！

ニュートン超《ちょう》図《ず》解《かい》新書《しんしょ》

最強《さいきょう》に面白《おもしろ》い 心《しん》理《り》学《がく》 人間関係編《にんげんかんけいへん》

第《だい》1章《しょう》 心理学《しんりがく》は，こんな学問《がくもん》

第《だい》2章《しょう》 人《ひと》に好《す》かれるための心理学《しんりがく》

第《だい》3章《しょう》
思《おも》いこみの心理学《しんりがく》

第《だい》4章《しょう》 「損《そん》」と「得《とく》」の心理学《しんりがく》

第《だい》5章《しょう》
年代別《ねんだいべつ》の心理学《しんりがく》

第《だい》6章《しょう》
心《こころ》の問題《もんだい》を取《と》り除《のぞ》く心理学《しんりがく》

【本書《ほんしょ》の主《おも》な登場人物《とうじょうじんぶつ》】

ジークムント・フロイト
（1856～1939）
オーストリアの心理学者《しんりがくしゃ》，精神科《せいしんか》医《い》。精神分析学《せいしんぶんせきがく》の創始者《そうししゃ》として知《し》られている。人《ひと》の心《こころ》には，意識《いしき》できない領域《りょういき》である「無意識《むいしき》」があると考《かんが》えた。

女子中学生《じょしちゅうがくせい》

シマリス

第《だい》1章《しょう》

心理学《しんりがく》は，こんな学問《がくもん》

心理学《しんりがく》とは，いったいどんな学問《がくもん》なのでしょうか。第《だい》1章《しょう》では，心理学《しんりがく》にどのような研究分野《けんきゅうぶんや》があり，どのように研究《けんきゅう》が行《おこな》われているのかを紹介《しょうかい》します。

1 心理学《しんりがく》とは，人《ひと》の心《こころ》を科学的《かがくてき》に理解《りかい》する学問《がくもん》

心《こころ》は見《み》ることもさわることもできない

　心理学《しんりがく》とは，人《ひと》の心《こころ》のしくみを，科学的《かがくてき》な方《ほう》法《ほう》で理解《りかい》しようとする学問《がくもん》です。心《こころ》は，見《み》ることもさわることもできないため，しくみを理解《りかい》するのがむずかしいものです。

　心《こころ》のしくみの探求《たんきゅう》は，古代《こだい》より，哲学《てつがく》や医学《いがく》によって行《おこな》われてきました。しかしその方法《ほうほう》は，哲学者《てつがくしゃ》や医学者《いがくしゃ》個人《こじん》の，経験《けいけん》や思考《しこう》によるものでした。

1 行動《こうどう》の観察《かんさつ》から心《こころ》を探《さぐ》る

町《まち》を歩《ある》くのにも，レストランで食事《しょくじ》をするのにも，心《こころ》が影響《えいきょう》しています。心理学《しんりがく》では，行動《こうどう》を観察《かんさつ》する実験《じっけん》をしたり，心《こころ》の問題《もんだい》をかかえる患者《かんじゃ》の行動《こうどう》を観察《かんさつ》したりします。

目《め》に見《み》える「行動《こうどう》」を観察《かんさつ》・測定《そくてい》する

現代《げんだい》の心理学《しんりがく》では，科学的《かがくてき》な方法《ほうほう》によって，心《こころ》のしくみをとらえようとします。**心《こころ》そのものは測定《そくてい》することができないため，目《め》に見《み》えるかたちであらわれる「行動《こうどう》」を観察《かんさつ》・測定《そくてい》し，その行《こう》動《どう》を生《う》みだした背景《はいけい》にある心《こころ》のしくみを推測《すいそく》するのです。**行動《こうどう》の観察《かんさつ》・測定《そくてい》は，実験室《じっけんしつ》のような場《ば》に限《かぎ》りません。

心理学《しんりがく》とは，観察《かんさつ》や測定《そくてい》で得《え》られたデータをもとに仮説《かせつ》と検証《けんしょう》を行《おこな》い，統計《とうけい》の技術《ぎじゅつ》を使《つか》って人々《ひとびと》に共通《きょうつう》する性質《せいしつ》や傾向《けいこう》を明《あき》らかにしたり，個人個人《こじんこじん》の性格《せいかく》を理解《りかい》したりする学問《がくもん》だといえます。

2 心理学《しんりがく》には，さまざまな研究分野《けんきゅうぶんや》がある

心《こころ》の要素《ようそ》ごとに，性質《せいしつ》を明《あき》らかにする

　心《こころ》とは何《なに》であるかを，一言《ひとこと》で説明《せつめい》することはできません。そこで心理学《しんりがく》では，心《こころ》をいくつかの要素《ようそ》に分《わ》けて考《かんが》えます。**心《こころ》を構成《こうせい》する要素《ようそ》には，知覚《ちかく》，記憶《きおく》，学習《がくしゅう》，思考《しこう》，感情《かんじょう》などがあります。**心《こころ》のしくみを解明《かいめい》するためには，それぞれの要素《ようそ》があらわれる行動《こうどう》を観察《かんさつ》・測定《そくてい》し，要素《ようそ》ごとに性質《せいしつ》を明《あき》らかにします。

心理学《しんりがく》は複雑《ふくざつ》な人《ひと》の心《こころ》を「知覚《ちかく》」「記憶《きおく》」「学習《がくしゅう》」「思考《しこう》」「感情《かんじょう》」などの細《こま》かい要素《ようそ》に分《わ》けて理解《りかい》していく学問《がくもん》なんだ。

心理学《しんりがく》の主要《しゅよう》な研究分野《けんきゅうぶんや》

心理学《しんりがく》の主要《しゅよう》な研究分野《けんきゅうぶんや》には，「実験心理学《じっけんしんりがく》」「性格心理学《せいかくしんりがく》」「社会心理学《しゃかいしんりがく》」「臨床心理学《りんしょうしんりがく》」などがあります。

「実験心理学《じっけんしんりがく》」は，実験《じっけん》を通《つう》じて心《こころ》を構成《こうせい》する要素《ようそ》の性質《せいしつ》を明《あき》らかにします。「性格心理学《せいかくしんりがく》」は，個人《こじん》の性格《せいかく》（パーソナリティ）の成《な》り立《た》ちや行動《こうどう》パターンの理解《りかい》を深《ふか》めます。

「社会心理学《しゃかいしんりがく》」は，集団《しゅうだん》の中《なか》での人《ひと》のふるまいや考《かんが》え方《かた》のくせなどを明《あき》らかにします。「臨床心理学《りんしょうしんりがく》」は，心《こころ》の病《やまい》や社会《しゃかい》への不適応《ふてきおう》の悩《なや》みを解決《かいけつ》するために，介入《かいにゅう》を行《おこな》います。

ほかにも，特定《とくてい》の状況《じょうきょう》における人《ひと》の心《こころ》を探求《たんきゅう》する分野《ぶんや》や，体《からだ》や脳《のう》の機能《きのう》と心《こころ》のしくみの関係《かんけい》を調《しら》べる分野《ぶんや》などがあります。

2 心理学《しんりがく》の研究分野《けんきゅうぶんや》

心理学《しんりがく》には，心《こころ》の性質《せいしつ》を明《あき》らかにする「基礎的《きそてき》」な分野《ぶんや》もあれば，実生活《じっせいかつ》の中《なか》でおきる心《こころ》の問題《もんだい》に対処《たいしょ》する「応用的《おうようてき》」な分野《ぶんや》もあります。また，「個人的《こじんてき》」な心《こころ》を対象《たいしょう》とする分野《ぶんや》から，「社《しゃ》会的《かいてき》」な心《こころ》を対象《たいしょう》とする分野《ぶんや》まであります。

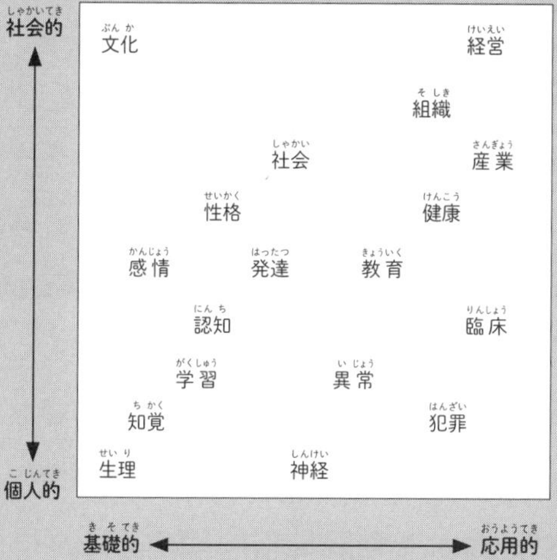

（出典《しゅってん》：『心理学《しんりがく》って何《なん》だろう』
市川伸一《いちかわしんいち》／著《ちょ》，北大路書房《きたおおじしょぼう》，2002年発行《ねんはっこう》を一部改変《いちぶかいへん》）

3 心理学《しんりがく》は，データの収集《しゅうしゅう》にはじまる

心《こころ》の基礎的《きそてき》な性質《せいしつ》を調《しら》べる「実験法《じっけんほう》」

心理学《しんりがく》では，行動《こうどう》として表《おもて》に出《で》てくるデータを集《あつ》め，それをもとに仮説《かせつ》を検証《けんしょう》します。よく使《つか》われている方法《ほうほう》は，「実験法《じっけんほう》」「質問紙調査法《しつもんしちょうさほう》」「観察法《かんさつほう》」「面接法《めんせつほう》」の四《よっ》つです。

「実験法《じっけんほう》」では，特定《とくてい》の要因《よういん》が結果《けっか》に影響《えいきょう》をあたえるかを調《しら》べるために，特定《とくてい》の要因《よういん》を操作《そうさ》して，結果《けっか》の変化《へんか》を観察《かんさつ》します。主《おも》に，人々《ひとびと》に共《きょう》通《つう》する心《こころ》の基礎的《きそてき》な性質《せいしつ》を調《しら》べるときに使《つか》われる方法《ほうほう》です。

「質問紙調査法《しつもんしちょうさほう》」では，調《しら》べたい項目《こうもく》について，質問紙《しつもんし》を使《つか》って参加者《さんかしゃ》に直接《ちょくせつ》たずねます。主《おも》に，人々《ひとびと》の考《かんが》えや感《かん》じ方《かた》を直接《ちょくせつ》たずねたいときに使《つか》われる方法《ほうほう》です。

新《あたら》しい仮説《かせつ》を立《た》てたいときに使《つか》われる「観察法《かんさつほう》」

「観察法《かんさつほう》」は，主《おも》に，特定《とくてい》の状況《じょうきょう》での人々《ひとびと》のふるまいの特徴《とくちょう》などについて，新《あたら》しい仮説《かせつ》を立《た》てたいときに使《つか》われる方法《ほうほう》です。

「面接法《めんせつほう》」では，研究者《けんきゅうしゃ》と参加者《さんかしゃ》が1：1または集団《しゅうだん》になって話《はな》し合《あ》いを行《おこな》います。

研究《けんきゅう》の目的《もくてき》に応《おう》じて，これらの方法《ほうほう》を使《つか》い分《わ》けて，仮説《かせつ》を立《た》てたり，仮説《かせつ》を検証《けんしょう》したりしながら，研究《けんきゅう》を進《すす》めます。

3 データを集《あつ》める四《よっ》つの方法《ほうほう》

心理学《しんりがく》の基礎《きそ》となるのがデータの収集《しゅうしゅう》です。その方法《ほうほう》として，「実験法《じっけんほう》」「質問紙調査法《しつもんしちょうさほう》」「観察法《かんさつほう》」「面接法《めんせつほう》」という四《よっ》つがよく使《つか》われています。

実験法《じっけんほう》

観察法《かんさつほう》

質問《しつもん》紙《し》調《ちょう》査《さ》法《ほう》

面接法《めんせつほう》

ネットの心理《しんり》テストはホント？

いつも元気《げんき》な中村君《なかむらくん》が，落《お》ちこんでいる様子《ようす》です。

最近《さいきん》，彼女《かのじょ》が冷《つめ》たくて。ネットの心理《しんり》テストでは，僕《ぼく》は女心《おんなごころ》がわからないから恋愛《れんあい》がうまくいかないって。

ふむ。じゃがたいていの男《おとこ》は，「女心《おんなごころ》がわからない」といわれると，「あたってる」と思《おも》うんじゃないかね。

でも，前《まえ》の彼女《かのじょ》ともラブラブだったのに，結《けっ》局《きょく》ふられちゃったんですよ。僕《ぼく》の恋愛《れんあい》がうまくいかないのは，きっと女心《おんなごころ》がわからないせいなんです！

だれでも信《しん》じたい内容《ないよう》は，印象《いんしょう》に残《のこ》るんじゃ。それに，だれにでもあてはまるような内容《ないよう》を，自分《じぶん》だけにあてはまると思《おも》う傾向《けいこう》があるんじゃよ。ふられたことのある人間《にんげん》なんて，いくらでもおるぞ。

じゃあ，心理《しんり》テストは根拠《こんきょ》がないんですか？

本物《ほんもの》の心理学《しんりがく》とは別物《べつもの》じゃ。ま，エンターテイメントとして楽《たの》しむくらいにするんじゃな。

第《だい》2章《しょう》

人《ひと》に好《す》かれるための心理学《しんりがく》

人《ひと》が人《ひと》を好《す》きになるとき，心《こころ》はどんなはたらきをするのでしょうか。第《だい》2章《しょう》では，人間関係《にんげんかんけい》を通《とお》したさまざまな場面《ばめん》で，心《こころ》がどのようにはたらくのかをみていきましょう。

1 あの子《こ》に好《す》かれるには，なるべく視界《しかい》に入《はい》ろう！

好《す》きだから見《み》る？
見《み》るから好《す》きになる？

人《ひと》は，どんな他者《たしゃ》に好意《こうい》を抱《いだ》くのでしょうか。これは「対人魅力《たいじんみりょく》」といって，「社会心理学《しゃかいしんりがく》」であつかわれるテーマの一《ひと》つです。

あなたは，好《す》きな人《ひと》の姿《すがた》を思《おも》わず目《め》で追《お》ってしまったという経験《けいけん》はありませんか。このようなとき，「好《す》きだから見《み》る」のだと思《おも》うでしょう。**ところが，1968年《ねん》に，アメリカの社会心理学者《しゃかいしんりがくしゃ》のロバート・ザイアンス（1923～2008）が発表《はっぴょう》した研究《けんきゅう》によれば，「見《み》るから好《す》きになる」という因果関係《いんがかんけい》もあることが明《あき》らかとなりました。**これを，「単純接触効果《たんじゅんせっしょくこうか》」または「ザイアンスの法《ほう》則《そく》」とよびます。

1 何度《なんど》も見《み》ると好《す》きになる

複数《ふくすう》の見知《みし》らぬ人《ひと》の顔《かお》の画像《がぞう》を見《み》せる実験《じっけん》で，表示《ひょうじ》回数《かいすう》が多《おお》いほど「好《この》みである」と判断《はんだん》されました。好《す》きな人《ひと》からなるべく見《み》えるように行動《こうどう》すれば，好《こう》意《い》をいだかれるかもしれません。

「あって当《あ》たり前《まえ》」のものは好《この》ましい

単純接触効果《たんじゅんせっしょくこうか》は，くりかえし接触《せっしょく》することで，それを「あって当《あ》たり前《まえ》」のものだと私《わたし》たちが錯《さっ》覚《かく》するためにおきると考《かんが》えられています。あって当《あ》たり前《まえ》と記憶《きおく》することにより，人《ひと》はそれを流暢《りゅうちょう》に，ストレスなく認知《にんち》できるようになります。流暢《りゅうちょう》に認知《にんち》しやすいもののほうが好《この》ましいものであるという心理《しんり》が，単純接触効果《たんじゅんせっしょくこうか》を生《う》むのです。

一方《いっぽう》で，相性《あいしょう》が悪《わる》い，または嫌悪感《けんおかん》を抱《いだ》いている相手《あいて》に対《たい》しては，接触《せっしょく》すればするほど，逆《ぎゃく》に悪《わる》い印象《いんしょう》をつのらせることがあります。

2　美男美女《びなんびじょ》は，性格《せいかく》がよいと思《おも》われがち

印象《いんしょう》に大《おお》きな影響《えいきょう》を与《あた》える外見的魅力《がいけんてきみりょく》

人《ひと》が他者《たしゃ》に好意《こうい》を抱《いだ》く要因《よういん》の一つに，他者《たしゃ》の性格《せいかく》や身体的魅力《しんたいてきみりょく》があります。これを，「他者要因《たしゃよういん》」といいます。**その中《なか》でもとくに強《つよ》いのが，外見的魅力《がいけんてきみりょく》です。**美人《びじん》の女性《じょせい》やハンサムな男性《だんせい》が第一印象《だいいちいんしょう》で好意《こうい》をもたれやすいことは，だれもが知《し》るところでしょう。

部分的《ぶぶんてき》な情報《じょうほう》を手《て》がかりに全体的《ぜんたいてき》な印象《いんしょう》を形成《けいせい》する

私《わたし》たちは，よく知《し》らない相手《あいて》に対《たい》して部分的《ぶぶんてき》な情報《じょうほう》があたえられると，その情報《じょうほう》を手《て》がかりに全体的《ぜんたいてき》な印象《いんしょう》を形成《けいせい》しようとします。これを，

「印象形成《いんしょうけいせい》」といいます。印象《いんしょう》に最《もっと》も大《おお》きな影響《えいきょう》をあたえるものの一《ひと》つが，外見《がいけん》というわけです。

そしてそれにより，初対面《しょたいめん》の相手《あいて》に対《たい》しては，「外見《がいけん》がよければ，性格《せいかく》もよい」といったステレオタイプ的《てき》な認知《にんち》が生《しょう》じやすくなります。これを，「ハロー効果《こうか》（光背効果《こうはいこうか》）」といいます。ある人《ひと》が，何《なん》らかの目立《めだ》つ側面《そくめん》で望《のぞ》ましい特徴《とくちょう》をもっていると，そのほかの側面《そくめん》まで望《のぞ》ましい特徴《とくちょう》をもっているとみなしてしまう認知《にんち》のゆがみのことです。望《のぞ》ましい特徴《とくちょう》は，その特徴《とくちょう》とは直接関《ちょくせつかん》係《けい》のない性格《せいかく》や行動《こうどう》にも，影響《えいきょう》をおよぼすことがあるのです。

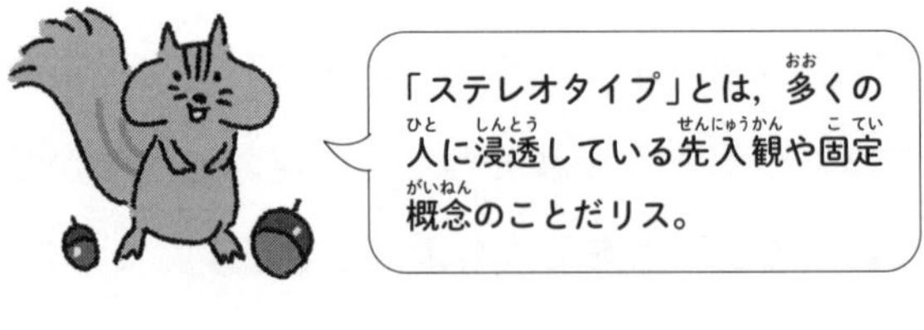

2 ハロー効果《こうか》

ある顕著《けんちょ》な特徴《とくちょう》に引《ひ》きずられて，他《ほか》の特徴《とくちょう》に対《たい》する評価《ひょうか》がゆがめられることを「ハロー効果《こうか》（光背効果《こうはいこうか》）」といいます。「後光効果《ごこうこうか》」や「認知《にんち》バイアス」ともよばれます。人事評価《じんじひょうか》の場面《ばめん》などでも生《しょう》じます。

3 エスカレーターの立《た》ち位《い》置《ち》は，まわりの人《ひと》しだい

集団《しゅうだん》の中《なか》でしか通用《つうよう》しない暗黙《あんもく》のルール

不思議《ふしぎ》な話《はなし》ですが，集団《しゅうだん》の中《なか》には，その集団《しゅうだん》の中《なか》でしか通用《つうよう》しない，「暗黙《あんもく》のルール」ができあがることがあります。たとえば，子《こ》どもが遊《あそ》びから家《いえ》に帰《かえ》る時間《じかん》です。学校《がっこう》の友《とも》だちや近所《きんじょ》の友《とも》だちどうしで楽《たの》しく遊《あそ》んでいても，決《き》まった時間《じかん》になると，だれが言《い》いだすわけでもないのに，みな自分《じぶん》の家《いえ》に帰《かえ》ろうとします。

これは，「同調《どうちょう》」とよばれる現象《げんしょう》です。**同調《どうちょう》とは，まわりの人《ひと》たちの行動《こうどう》や考《かんが》えをよいもののようだと受《う》け入《い》れて，本来《ほんらい》の自分《じぶん》の行動《こうどう》や考《かんが》えを，まわりの人《ひと》たちと同《おな》じように合《あ》わせる現象《げんしょう》です。**

人《ひと》は，同調《どうちょう》の圧力《あつりょく》を受《う》けやすい

　同調《どうちょう》を調《しら》べるために行《おこな》われた，エスカレーターを使《つか》った実験《じっけん》があります（36～37ページのイラスト）。

　関西地方《かんさいちほう》でエスカレーターに乗《の》るときは，歩《ある》いて移動《いどう》したい人《ひと》が左側《ひだりがわ》，止《と》まったまま移動《いどう》したい人《ひと》が右側《みぎがわ》という暗黙《あんもく》のルールがあります。**サクラが暗黙《あんもく》のルールに反《はん》して左側《ひだりがわ》に乗《の》って止《と》まったまま移動《いどう》すると，左側《ひだりがわ》に乗《の》って止《と》まったまま移動《いどう》する人《ひと》の割合《わりあい》が多《おお》くなりました。**サクラへの同調《どうちょう》がみられたのです。

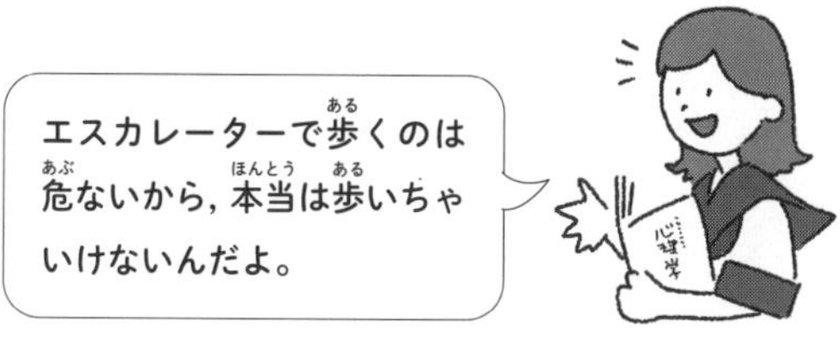

3 暗黙《あんもく》のルールを破《やぶ》ると…

大阪《おおさか》で，エスカレーターの左側《ひだりがわ》は歩《ある》いて移動《いどう》したい人《ひと》が乗《の》るという，関西地方《かんさいちほう》の暗黙《あんもく》のルールを破《やぶ》る実験《じっけん》をしました。左側《ひだりがわ》に止《と》まったままの人《ひと》がいると，つられて左側《ひだりがわ》で止《と》まる人《ひと》がふえました。

関西地方《かんさいちほう》の暗黙《あんもく》のルール

左側《ひだりがわ》：歩《ある》いて移動《いどう》したい人《ひと》
右側《みぎがわ》：止《と》まったまま移動《いどう》したい人《ひと》

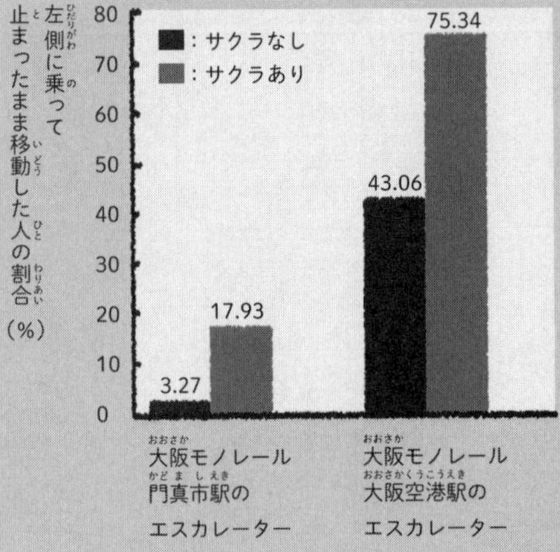

サクラが左側《ひだりがわ》に乗《の》って止《と》まったまま移動《いどう》すると？

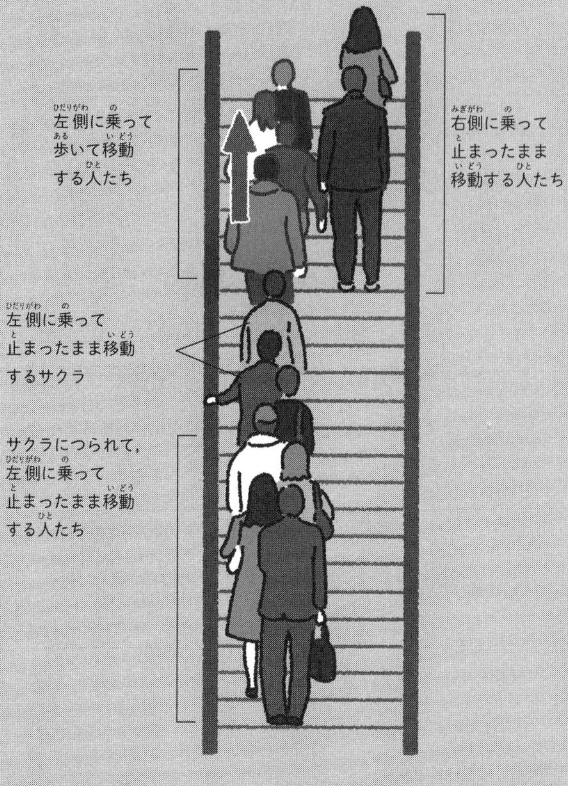

関西《かんさい》で右側《みぎがわ》に並《なら》ぶのはなぜ？

日本《にほん》ではエスカレーターに乗《の》るときに，止《と》まったまま移動《いどう》したい人《ひと》が片側《かたがわ》に並《なら》んで乗《の》るという習慣《しゅうかん》が広《ひろ》まっています。しかも，関西《かんさい》では右側《みぎがわ》に並《なら》び，関東《かんとう》では左側《ひだりがわ》に並《なら》ぶのが暗黙《あんもく》のルールとなっています。なぜなのでしょうか。

大阪《おおさか》で「右並《みぎなら》び」がはじまったのは，1967年《ねん》といわれています。**阪急梅田駅《はんきゅううめだえき》にエスカレーターができた際《さい》，急《いそ》ぐ人《ひと》のために左側《ひだりがわ》を空《あ》けるようにアナウンスがされました。**さらに1970年《ねん》の大阪万博《おおさかばんぱく》で，当時《とうじ》の国際的《こくさいてき》な標準《ひょうじゅん》だった右並《みぎなら》びが浸透《しんとう》したようです。**一方《いっぽう》で東京《とうきょう》の「左並《ひだりなら》び」は，自然発生《しぜんはっせい》といわれています。**東京《とうきょう》の左並《ひだりなら》びはほかの地域《ちいき》にも広《ひろ》く伝《つた》わったため，全国的《ぜんこくてき》に左並《ひだりなら》びが標準《ひょうじゅん》である地域《ちいき》が多《おお》いようです。

なお，阪急《はんきゅう》梅《うめ》田《だ》駅《えき》のアナウンスは，体《からだ》の不自由《ふじゆう》な人《ひと》への配慮《はいりょ》などから，1998年《ねん》に終了《しゅうりょう》しました。最近《さいきん》では多《おお》くの鉄道会社《てつどうがいしゃ》が，エスカレーターでの歩《ほ》行《こう》をしないように求《もと》めるアナウンスをしています。

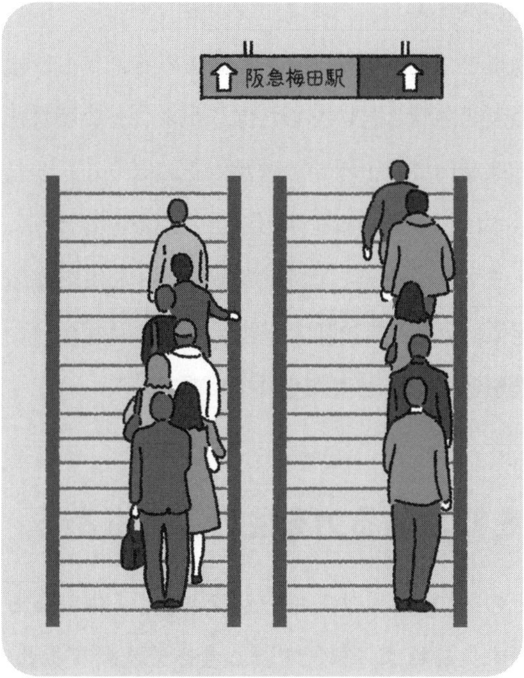

4 話《はな》し合《あ》いの結果《けっか》は，ハイリスクなものになる!?

話《はな》し合《あ》いをしたほうが公平《こうへい》に決《き》められる？

物事《ものごと》を決断《けつだん》する場合《ばあい》，1人《ひとり》で決《き》めるよりも，複数《ふくすう》の人間《にんげん》で話《はな》し合《あ》いをしたほうがよいといわれたことはないでしょうか。確《たし》かにそのほうが，かたよらずに公平《こうへい》に物事《ものごと》を決《き》めることができるように思《おも》えます。しかし，集団《しゅうだん》で話《はな》し合《あ》って決断《けつだん》するときには，1人《ひとり》で決断《けつだん》するときには生《しょう》じなかった危険《きけん》がともなうと考《かんが》えられています。

壁《かべ》を打《う》ち破《やぶ》る力《ちから》を生《う》むこともある

その一《ひと》つが，「リスキーシフト」とよばれるものです。これは，集団《しゅうだん》で話《はな》し合《あ》って決断《けつだん》すると，1人《ひとり》で決断《けつだん》するよりも，「報酬《ほうしゅう》は高《たか》いが危険《きけん》も高い選択肢《せんたくし》」を選択《せんたく》しやすくなるという現象《げんしょう》です。アメリカの心理学者《しんりがくしゃ》のマイケル・ワラックが1961年《ねん》に開発《かいはつ》した「選択肢《せんたくし》ジレンマ質問紙《しつもんし》(CDQ)」(42〜43ページの表《ひょう》)を使《つか》った研究《けんきゅう》で，1人《ひとり》で決断《けつだん》するよりも話《はな》し合《あ》って決断《けつだん》するほうが，危険《きけん》の高《たか》い選択肢《せんたくし》を選《えら》ぶ傾向《けいこう》にあったのです。

ただしリスキーシフトは，危険《きけん》な決断《けつだん》を生《う》みだす傾向《けいこう》がある反面《はんめん》，大《おお》きな壁《かべ》を打《う》ち破《やぶ》る力《ちから》を生《う》むこともあります。1人《ひとり》でする決断《けつだん》と集団《しゅうだん》でする決断《けつだん》のどちらがいいとは，一概《いちがい》にはいえないでしょう。

物事《ものごと》の決断《けつだん》に慎重《しんちょう》な人《ひと》たちが話《はな》し合《あ》うと，1人《ひとり》のときよりもさらに慎重《しんちょう》な方向《ほうこう》に傾《かたむ》き，逆《ぎゃく》に危険《きけん》をかえりみない人《ひと》たちが話《はな》し合《あ》うと，1人《ひとり》のときよりさらに危険《きけん》の高《たか》い決断《けつだん》に傾《かたむ》くこともわかっているぞ。

4 選択肢《せんたくし》ジレンマ質問紙《しつもんし》

ワラックが開発《かいはつ》した「選択肢《せんたくし》ジレンマ質問紙《しつもんし》」です。「報酬《ほうしゅう》は高《たか》いが危険《きけん》も高《たか》い」「報酬《ほうしゅう》は低《ひく》いが危険《きけん》も低《ひく》い」という二《ふた》つの選《せん》択肢《たくし》を選《えら》ぶ質問《しつもん》で，1人《ひとり》の決断《けつだん》と集団《しゅうだん》の決断《けつだん》をくらべます。

1	電気技師《でんきぎし》が，平凡《へいぼん》だが適当《てきとう》な給料《きゅうりょう》をかせげる今《いま》の仕事《しごと》をつづけるか，それとも今《いま》よりかせげるが長期的《ちょうきてき》な安定《あんてい》が保証《ほしょう》されない新《あたら》しい仕事《しごと》につくか。
2	心臓病患者《しんぞうびょうかんじゃ》が，成功《せいこう》すれば完治《かんち》するが失敗《しっぱい》すれば死《し》ぬ危険《きけん》のある手術《しゅじゅつ》を受《う》けるか，それとも手術《しゅじゅつ》せず生活態度《せいかつたいど》をきびしく節制《せっせい》するか。
3	平均的《へいきんてき》な財産《ざいさん》をもつ人《ひと》が，相続《そうぞく》したいくらかの遺産《いさん》を低《ひく》い配当《はいとう》の優良株《ゆうりょうかぶ》に投資《とうし》するか，それとも大《おお》きな利益《りえき》がみこめるが危《き》険《けん》をともなう株《かぶ》に投資《とうし》するか。
4	ライバル校《こう》とのフットボールの試合《しあい》の最終《さいしゅう》プレイで，主将《しゅしょう》が同点《どうてん》をねらうほぼ確実《かくじつ》なプレイを選《えら》ぶか，それとも成功《せいこう》すれば逆転勝《ぎゃくてんが》ちになるが失敗《しっぱい》すれば絶対《ぜったい》に敗北《はいぼく》するプレイを選《えら》ぶか。
5	事業《じぎょう》の拡大《かくだい》をめざすアメリカの企業《きぎょう》の社長《しゃちょう》が，投資収益《とうししゅうえき》がふつうの国内《こくない》に新《あたら》しい工場《こうじょう》を建設《けんせつ》するか，それとも収益《しゅうえき》はとても大《おお》きいが政情《せいじょう》が不安定《ふあんてい》な外国《がいこく》に建設《けんせつ》するか。
6	大学院《だいがくいん》で化学《かがく》を専攻《せんこう》したい大学《だいがく》4年生《ねんせい》が，非常《ひじょう》にきびしく少《しょう》数《すう》の院生《いんせい》しか博士号《はくしごう》をとれない有名大学《ゆうめいだいがく》に進学《しんがく》するか，それとも有名《ゆうめい》ではないが院生《いんせい》のほとんどが博士号《はくしごう》をとれる大学《だいがく》に進学《しんがく》するか。

みんなで話《はな》し合《あ》うと，自分1人《じぶんひとり》では
やらないことにも挑戦《ちょうせん》してみよう
と思《おも》うんじゃないかしら。

7	全米《ぜんべい》チェス選手権《せんしゅけん》で，ランクの低《ひく》い選手《せんしゅ》が1回戦《かいせん》でトップシードの選手《せんしゅ》と対戦《たいせん》しているときに，妙策《みょうさく》がひらめいた。うまくいけば勝利《しょうり》するが失敗《しっぱい》すれば確実《かくじつ》に負《ま》けるその手《て》を，使《つか》うかどうか。
8	かなり音楽的《おんがくてき》な才能《さいのう》のある学生《がくせい》が，医学部《いがくぶ》に進学《しんがく》して将来《しょうらい》が安定《あんてい》した進路《しんろ》をとるか，それともピアニストになるという将《しょう》来《らい》の安定《あんてい》が保証《ほしょう》されない進路《しんろ》をとるか。
9	戦争中《せんそうちゅう》の兵士《へいし》の捕虜《ほりょ》が，もしつかまれば処刑《しょけい》される危険《きけん》な脱《だっ》出《しゅつ》を試《こころ》みるか，それともこのまま非常《ひじょう》に苦《くる》しい収容所《しゅうようじょ》にとどまるか。
10	市民《しみん》としての責任《せきにん》を強《つよ》く感《かん》じている成功《せいこう》した実業家《じつぎょうか》が，運動《うんどう》資金《しきん》が限《かぎ》られている少数党《しょうすうとう》の公認候補《こうにんこうほ》として，立候補《りっこうほ》するかどうか。
11	物理学者《ぶつりがくしゃ》が，大学《だいがく》での5年雇用契約《ねんこようけいやく》のはじめに，確実《かくじつ》に解決《かいけつ》できるがあまり重要《じゅうよう》でない，短期間《たんきかん》で成果《せいか》の出《で》る問題《もんだい》を研究《けんきゅう》するか，それとも非常《ひじょう》に重要《じゅうよう》だが非常《ひじょう》に困難《こんなん》で，5年間《ねんかん》では何《なに》も成果《せいか》が出《で》ないかもしれない研究《けんきゅう》をするか。
12	最近《さいきん》ある重大《じゅうだい》な意見《いけん》の相違《そうい》に気《き》づいた婚約者《こんやくしゃ》どうしが，結婚《けっこん》するかどうか。幸福《こうふく》な結婚《けっこん》は一時的《いちじてき》には可能《かのう》だが，一生《いっしょう》の幸《しあわ》せを約束《やくそく》することはできないと結婚《けっこん》カウンセラーにいわれている。

（出典《しゅってん》：『社会心理学《しゃかいしんりがく》』白樫三四郎《しらかしさんしろう》，外山《とやま》みどり／編著《へんちょ》，
八千代出版《やちよしゅっぱん》，2003年発行《ねんはっこう》を一部改変《いちぶかいへん》）

5 みんなで作業《さぎょう》をすると，手《て》を抜《ぬ》きたくなる

協同《きょうどう》で作業《さぎょう》を行《おこな》うときは，努力《どりょく》の量《りょう》が小《ちい》さくなる

重《おも》い荷物《にもつ》を複数《ふくすう》の人《ひと》で持《も》ち上《あ》げて運《はこ》ぶとき，自《じ》分《ぶん》ひとりくらい力《ちから》を抜《ぬ》いても何《なん》とかなるだろうと考《かんが》え，力《ちから》を抜《ぬ》いてしまった経験《けいけん》はないでしょうか。これは，「社会的《しゃかいてき》手《て》抜《ぬ》き」とよばれる心理《しんり》です。社会的《しゃかいてき》手《て》抜《ぬ》きは，他人《たにん》と協同《きょうどう》で作業《さぎょう》を行《おこな》うとき，単独《たんどく》で作業《さぎょう》を行《おこな》うときよりも，1人《ひとり》の出《だ》す努力《どりょく》の量《りょう》を小《ちい》さくさせます。作業《さぎょう》にかかる人《にん》数《ずう》が多《おお》いほど，努力《どりょく》の量《りょう》に差《さ》が出《で》ることもわかっています。

このような社会的《しゃかいてき》手《て》抜《ぬ》きは，集団《しゅうだん》で仕事《しごと》をするときに，仕事《しごと》の効率《こうりつ》をさまたげるおそれがあります。

貢献度《こうけんど》が はっきりわかるシステムを

　社会的《しゃかいてき》手抜《てぬ》きを防《ふせ》ぐためには，ひとりひとりの貢献度《こうけんど》がはっきりわかるようなシステムをつくる必要《ひつよう》があると考《かんが》えられています。また，集団全《しゅうだんぜん》体《たい》の現状《げんじょう》の成果《せいか》をリアルタイムで知《し》らせることも，効果《こうか》があるとみられています。**作業《さぎょう》をする仲間《なかま》どうしで信頼関係《しんらいかんけい》を築《きず》ければ，自分《じぶん》だけががんばって損《そん》をしているのではないかという不安《ふあん》がなくなり，協同作業《きょうどうさぎょう》のよい面《めん》を引《ひ》きだすことができるのです。**

このようなシステムの効果《こうか》で，あまり能力《のうりょく》の高《たか》くない人《ひと》がまわりに迷惑《めいわく》をかけられないと思《おも》い，意欲《いよく》が向上《こうじょう》するリス。

5 1人《ひとり》の作業《さぎょう》はがんばる

9人《にん》につり革《かわ》を引《ひ》いてもらい，張力《ちょうりょく》を測定《そくてい》しました。1回目《かいめ》と12回目《かいめ》だけ個人《こじん》の張力《ちょうりょく》を記録《きろく》し，ほかは全体《ぜんたい》の張力《ちょうりょく》を記録《きろく》すると伝《つた》えたところ，1回目《かいめ》と12回目《かいめ》の張力《ちょうりょく》が高《たか》くなりました。

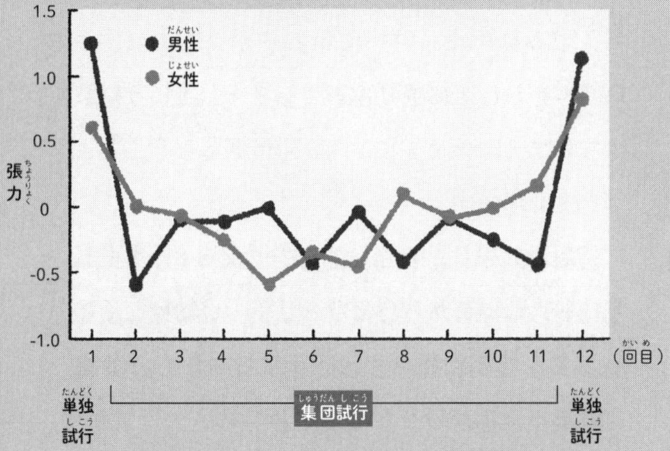
1.5
1.0
0.5
0
-0.5
-1.0
張力《ちょうりょく》
男性《だんせい》
女性《じょせい》
1
2
3
4
5
6
7
8
9
10
11
12
（回目《かいめ》）
単独《たんどく》試行《しこう》
集団試行《しゅうだんしこう》
単独《たんどく》試行《しこう》

6 都会《とかい》の人《ひと》ほど，見《み》て見《み》ぬふりをする

自分《じぶん》ひとりくらい……という気持《きも》ち

人《ひと》ごみの中《なか》で，泣《な》いている子《こ》がいるのに，つい，声《こえ》をかけずに通《とお》りすぎてしまったという経験《けいけん》はないでしょうか。これは，「傍観者効果《ぼうかんしゃこうか》」とよばれる心理《しんり》です。

傍観者効果《ぼうかんしゃこうか》は，社会的手抜《しゃかいてきてぬ》きのように，「まわりにも人《ひと》がいるから自分《じぶん》ひとりくらい助《たす》けなくても何《なん》とかなるだろう」という気持《きも》ちからおきます。また，手助《てだす》けをしないまわりの人《ひと》の行動《こうどう》が，その場《ば》では適切《てきせつ》なもののようだと受《う》け入《い》れてしまうことも原因《げんいん》の一《ひと》つです（同調《どうちょう》）。さらに，困《こま》っている人《ひと》を助《たす》けることで，まわりの人《ひと》から加害者《かがいしゃ》なのかとみられてしまうのをおそれる気持《きも》ちもあるようです。

6 誰《だれ》かが助《たす》けるだろう

人混《ひとご》みで泣《な》いている子《こ》どもに対《たい》して，見《み》て見《み》ぬふりをしてしまう背景《はいけい》には，誰《だれ》かが助《たす》けるだろうという心理《しんり》がはたらいているといいます。

都会《とかい》は，“冷《つめ》たい人《ひと》”が多《おお》い？

よく，都会《とかい》は田舎《いなか》よりも，困《こま》っている人《ひと》を見《み》ても助《たす》けない“冷《つめ》たい人《ひと》”が多《おお》いといわれます。アメリカの心理学者《しんりがくしゃ》のロバート・チャルディーニは，都会《とかい》は田舎《いなか》よりも人《ひと》が多《おお》く，知《し》り合《あ》いも少《すく》なく，騒々《そうぞう》しくて事件《じけん》かどうかを見《み》きわめることが困難《こんなん》なため，田舎《いなか》よりも傍観者効果《ぼうかんしゃこうか》がおきやすいことを発表《はっぴょう》しています。

7 人数《にんずう》が多《おお》いと，パニックがおきやすい

混雑状態《こんざつじょうたい》で攻撃《こうげき》するか，譲歩《じょうほ》するか

緊急事態《きんきゅうじたい》における集団《しゅうだん》のパニック行動《こうどう》を調《しら》べるための，脱出《だっしゅつ》シミュレーションゲームがあります（52～53ページのイラスト）。**前進《ぜんしん》，攻撃《こうげき》，譲歩《じょうほ》の三《みっ》つのボタンをあやつりながら，限《かぎ》られた制限時間内《せいげんじかんない》に出口《でぐち》から脱出《だっしゅつ》するゲームです。**複数《ふくすう》の人《ひと》が同時《どうじ》に前進《ぜんしん》ボタンを押《お》すと，混雑状態《こんざつじょうたい》となってだれも前《まえ》に進《すす》めなくなります。そこで，他者《たしゃ》を攻撃《こうげき》して前進《ぜんしん》するか，自分《じぶん》がうしろに下《さ》がって（譲歩《じょうほ》して），他者《たしゃ》のあとから前進《ぜんしん》するかを選択《せんたく》します。

7 脱出《だっしゅつ》シミュレーションゲーム

制限時間内《せいげんじかんない》に集団《しゅうだん》で出口《でぐち》から脱出《だっしゅつ》するゲームをしたところ，人数《にんずう》がふえるほど，全員脱出《ぜんいんだっしゅつ》の成功確率《せいこうかくりつ》が低《ひく》くなりました。

脱出《だっしゅつ》シミュレーションゲーム。
制限時間内《せいげんじかんない》に出口《でぐち》から脱出《だっしゅつ》せよ！

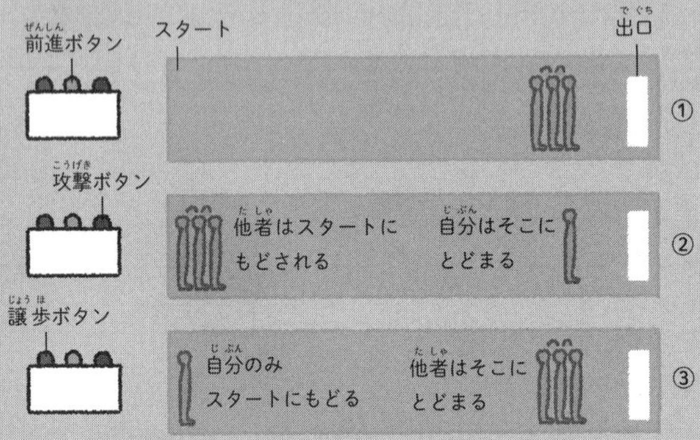

①「前進《ぜんしん》ボタン」を100回押《かいお》すと，脱出成功《だっしゅつせいこう》です。しかし，複数《ふくすう》の人《ひと》が前進《ぜんしん》ボタンを同時《どうじ》に押《お》すと，全員《ぜんいん》のカウンター（前進《ぜんしん》ボタンを押《お》した回数《かいすう》）が止《と》まり，だれも前進《ぜんしん》できなくなります。

②「攻撃《こうげき》ボタン」を押《お》すと，押《お》した人《ひと》はその場《ば》にとどまり，押《お》した人以外《ひといがい》はスタートにもどされてカウンターがゼロになります。自分《じぶん》も他者《たしゃ》も，前進《ぜんしん》が可能《かのう》になります。

③「譲歩《じょうほ》ボタン」を押《お》すと，押《お》した人《ひと》のみスタートにもどってカウンターがゼロになります。自分《じぶん》も他《た》者《しゃ》も，前進《ぜんしん》が可能《かのう》になります。

集団《しゅうだん》の人数《にんずう》ごとの脱出成功率《だっしゅつせいこうりつ》

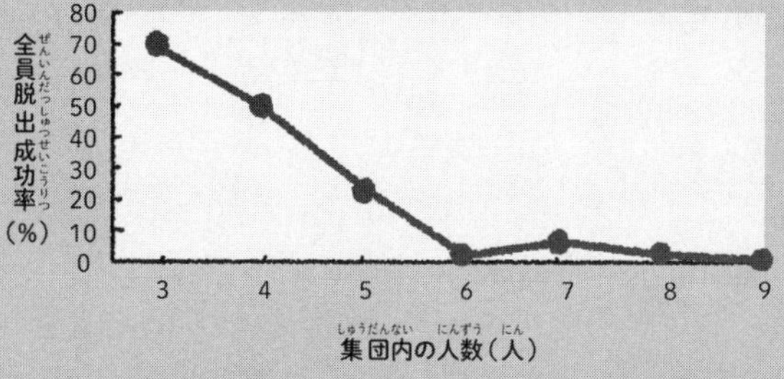

報酬《ほうしゅう》がもらえないのではないかというあせり

実験結果《じっけんけっか》をみると，集団《しゅうだん》の人数《にんずう》の増加《ぞうか》にともなって，全員脱出《ぜんいんだっしゅつ》の成功率《せいこうりつ》が低下《ていか》しました。ゲームの中《なか》では，制限時間《せいげんじかん》がせまるほど譲歩《じょうほ》が減《へ》り，攻撃《こうげき》がふえました。

人《ひと》は，順番《じゅんばん》を待《ま》てば報酬《ほうしゅう》が得《え》られると思《おも》うからこそ，理性的《りせいてき》な行動《こうどう》がとれるといいます。しかし，そこに割《わ》りこみ（攻撃《こうげき》）がおきると，このまま順番《じゅんばん》を待っていたら自分《じぶん》は報酬《ほうしゅう》をもらえないのではないかとあせり，割《わ》りこみをします。こうしてますます人々《ひとびと》の中《なか》にあせりが生《しょう》じ，パニックがおきるのだと考《かんが》えられています。

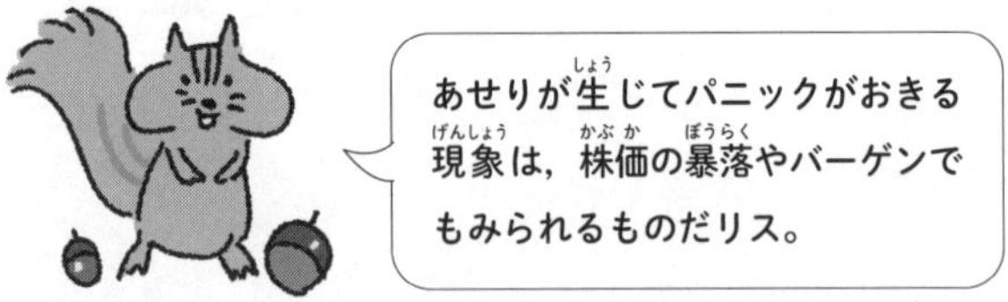

memo

10月《がつ》30日《にち》は，ニュースパニックデー

1938年《ねん》10月《がつ》30日《にち》午後《ごご》8時《じ》，アメリカのラジオ局《きょく》のCBSで，1時間《じかん》のラジオドラマが放送《ほうそう》されました。それは，イギリスの小説家《しょうせつか》のハーバート・ジョージ・ウェルズ（1866～1946）が書《か》いた『宇《う》宙戦争《ちゅうせんそう》』を原作《げんさく》とする，火星人《かせいじん》が地球《ちきゅう》に侵略《しんりゃく》してくるSFドラマでした。

このドラマの前半《ぜんはん》は，実況中継《じっきょうちゅうけい》のような台本《だいほん》でした。放送《ほうそう》があまりにも真《しん》に迫《せま》ったものだったため，本当《ほんとう》に火星人《かせいじん》が地球《ちきゅう》に侵略《しんりゃく》してきたと信《しん》じこむ人《ひと》が続出《ぞくしゅつ》しました。荷物《にもつ》をまとめて避難《ひなん》しようとする人《ひと》，泣《な》きながら祈《いの》りつづける人《ひと》などがいたと報告《ほうこく》されています。同時《どうじ》に新聞社《しんぶんしゃ》やラジオ局《きょく》，警《けい》察署《さつしょ》に問《と》い合《あ》わせの電話《でんわ》が殺到《さっとう》しました。

放送《ほうそう》の合間《あいま》に，「これは物語《ものがたり》です」というアナウ

ンスが2回《かい》流《なが》れました。しかし，多《おお》くの人《ひと》には伝《つた》わりませんでした。放送後《ほうそうご》の調査《ちょうさ》によると，およそ120万人《まんにん》の人《ひと》が恐怖《きょうふ》におびえたそうです。この出《で》来事《きごと》を受《う》けて，10月《がつ》30日《にち》は，「ニュースパニックデー」や「宇宙戦争《うちゅうせんそう》の日《ひ》」とよばれています。

第《だい》3章《しょう》

思《おも》いこみの心理学《しんりがく》

うわさや先入観《せんにゅうかん》をもとに物事《ものごと》を判断《はんだん》してしまった経験《けいけん》は，だれしもあることでしょう。第《だい》3章《しょう》では，思《おも》いこみがおきるときの心理《しんり》について紹介《しょうかい》します。

1　やっかいなお願《ねが》いを，引《ひ》き受《う》けてもらうワザ

簡単《かんたん》なアンケートが目的《もくてき》？

「お時間《じかん》はとらせませんので，簡単《かんたん》なアンケートに答《こた》えていただきたいのですが」。このような依頼《いらい》を，電話《でんわ》や道端《みちばた》でされたことはないでしょうか。実《じつ》は，アンケートに答《こた》えたそのあとに，どこそこへ来《き》て話《はなし》を聞《き》いてほしいといった，「やっかいな依頼《いらい》」が待《ま》っていることがあります。これは，悪徳商法《あくとくしょうほう》の手段《しゅだん》であり，「フット・イン・ザ・ドア・テクニック（段階化《だんかいか》テクニック）」とよばれるものです。

つい引《ひ》き受《う》けてしまう人《ひと》の心理《しんり》

フット・イン・ザ・ドア・テクニックは，急《きゅう》にもちかけられたらなかなか承諾《しょうだく》しないようなやっかいな依頼《いらい》でも，これくらいならと思《おも》えるような「ささいな依頼《いらい》」を引《ひ》き受《う》けたあとでは，つい引《ひ》き受《う》けてしまう人《ひと》の心理《しんり》を利用《りよう》したものです。**事前《じぜん》にささいな依頼《いらい》を引《ひ》き受《う》けたことで，他《た》人《にん》を信《しん》じたり，人《ひと》の依頼《いらい》を引《ひ》き受《う》けたりする態度《たいど》が前《まえ》もって準備《じゅんび》されるのだといいます。**その結《けっ》果《か》，やっかいな依頼《いらい》をも引《ひ》き受《う》けてしまうのだと考《かんが》えられています。

ほかにも，意図的《いとてき》に最初《さいしょ》に正《ただ》しい価格《かかく》よりも低《ひく》い見《み》積《つ》もりをする「ロー・ボール・テクニック」，ほんとうにお願《ねが》いしたいことを依頼《いらい》する前《まえ》に，わざとそれよりむずかしい別《べつ》なことをお願《ねが》いする「ドア・イン・ザ・フェイス・テクニック」というものもあるぞ。

1 段階化《だんかいか》テクニックの例《れい》

主婦《しゅふ》に，家財道具《かざいどうぐ》の調査《ちょうさ》というやっかいな依頼《いらい》を突《とつ》然《ぜん》した場合《ばあい》，引《ひ》き受《う》けてくれたのは約《やく》22％でした。一方《いっぽう》，アンケートというささいな依頼《いらい》に応《おう》じてくれた主婦《しゅふ》に，家財道具《かざいどうぐ》の調査《ちょうさ》を依頼《いらい》すると，約《やく》53％が引《ひ》き受《う》けてくれたという調査結果《ちょうさけっか》があります。

アンケートの依頼《いらい》
（ささいな依頼《いらい》）
家財調査《かざいちょうさ》の依頼《いらい》
（やっかいな依頼《いらい》）
消費生活《しょうひせいかつ》の調査員《ちょうさいん》を
名《な》のる研究《けんきゅう》グループ
約《やく》53%が承諾《しょうだく》

2 「閉店時刻効果《へいてんじこくこうか》」が，悪徳商法《あくとくしょうほう》のミソ

「今《いま》だけしかチャンスはない」といわれると

悪徳商法《あくとくしょうほう》に使《つか》われる心理《しんり》テクニックには，「閉《へい》店時刻効果《てんじこくこうか》」とよばれるものもあります。**これは，ある対象《たいしょう》にアプローチする時間《じかん》が残《のこ》り少《すく》なくなると，その対象《たいしょう》がより魅力的《みりょくてき》に思《おも》えてくる効果《こうか》です。**「今《いま》だけしかチャンスはないんです」といわれると，より魅力的《みりょくてき》に思《おも》えてしまうのは，この心理効果《しんりこうか》によるものといわれます。

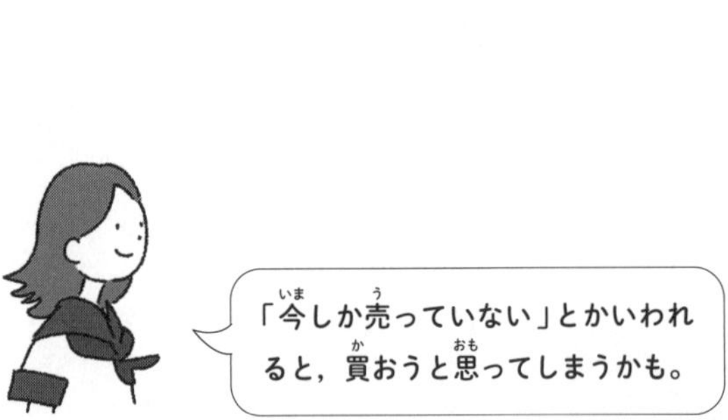

2 思《おも》わず買《か》いたくなる

「今《いま》だけ3割引《わりびき》」のようにいわれると，買《か》う予定《よてい》のなかったものでも，思《おも》わず買《か》いたくなってしまうのではないでしょうか。これも，閉店時刻効果《へいてんじこくこうか》と同《おな》じ心理《しんり》がはたらいているといいます。

タイムサービスや期間限定商品《きかんげんていしょうひん》も

1990年《ねん》，アメリカの心理学者《しんりがくしゃ》のブライアン・グラデューらが，ダンスバーで実験《じっけん》を行《おこな》いました。彼《かれ》らは男性《だんせい》と女性《じょせい》の客《きゃく》に，「今《いま》，店内《てんない》にいる異性《いせい》が全体的《ぜんたいてき》にどのくらい魅力的《みりょくてき》に感《かん》じられるか」とたずねてまわりました。客数《きゃくすう》はおよそ200人《にん》であり，回答《かいとう》した人数《にんずう》は217人《にん》でした。この実験《じっけん》は3か月間行《げつかんおこな》われました。

その結果《けっか》，閉店時刻《へいてんじこく》が近《ちか》づくにつれ，異性《いせい》が魅力的《みりょくてき》にみえてくる傾向《けいこう》は，男女《だんじょ》ともにあったといいます。

閉店時刻効果《へいてんじこくこうか》は，スーパーなどのタイムサービスや，期間限定商品《きかんげんていしょうひん》の効果《こうか》としても使《つか》われています。

memo

閉店《へいてん》間際《まぎわ》の“あの曲《きょく》”

お店《みせ》で閉店時間《へいてんじかん》が近《ちか》づくと，きまって流《なが》れる曲《きょく》があります。あの曲《きょく》を聞《き》くと，「もう帰《かえ》らなくちゃ」という気持《きも》ちになりますよね。あの曲《きょく》の名前《なまえ》を，『蛍《ほたる》の光《ひかり》』と記憶《きおく》している人《ひと》も多《おお》いのではないでしょうか。実《じつ》はお店《みせ》で流《なが》れているのは，『蛍《ほたる》の光《ひかり》』ではなく，『別《わか》れのワルツ』という曲《きょく》です。

『蛍《ほたる》の光《ひかり》』は，スコットランドの民謡《みんよう》『オールド・ラング・サイン』が原曲《げんきょく》です。もともとは，旧友《きゅうゆう》との再会《さいかい》を喜《よろこ》ぶ歌《うた》でした。それが日本《にほん》で独自《どくじ》の歌《か》詞《し》をつけられて，『蛍《ほたる》の光《ひかり》』となったのです。海軍《かいぐん》学校《がっこう》の卒業式《そつぎょうしき》で歌《うた》われたことから，「卒業式《そつぎょうしき》の歌《うた》」「別《わか》れの歌《うた》」というイメージが確立《かくりつ》されました。

一方《いっぽう》，『別《わか》れのワルツ』は，『オールド・ラング・サイン』を3拍子《びょうし》にアレンジした曲《きょく》です。日本《にほん》で

1949年《ねん》に公開《こうかい》された『哀愁《あいしゅう》』というアメリカ映画《えいが》の中《なか》で流《なが》れていた曲《きょく》が，日本《にほん》で『別《わか》れのワルツ』とよばれる曲《きょく》になりました。**その後《ご》『別《わか》れのワルツ』は，有線放送《ゆうせんほうそう》などで流《なが》されるようになり，閉店時間《へいてんじかん》が近《ちか》づくと流《なが》される曲《きょく》となっていったのです。**

3 女子高生《じょしこうせい》のうわさで，金《かね》を返《かえ》せと人《ひと》が殺到《さっとう》

「あの信用金庫《しんようきんこ》は危《あぶ》ないらしい」

集団《しゅうだん》が，一度《いちど》にだまされてしまうこともあります。その典型的《てんけいてき》なものが，事実《じじつ》ではない情報《じょうほう》である「うわさ」が流《なが》れるときです。

たとえば，1973年《ねん》に愛知県《あいちけん》のとある信用金庫《しんようきんこ》でおきた騒動《そうどう》があります。この騒動《そうどう》は，「あの信《しん》用金庫《ようきんこ》は危《あぶ》ないらしい」という，地元《じもと》の女子高生《じょしこうせい》のたわいないうわさ話《ばなし》からはじまりました。うわさが人《ひと》づてに広《ひろ》まり，後日《ごじつ》この信用金庫《しんようきんこ》の窓口《まどぐち》に，預金《よきん》をおろそうとする人々《ひとびと》がつめかけました。

3　うわさ話《ばなし》が人《ひと》づてに

女子高生《じょしこうせい》の「あの信用金庫《しんようきんこ》は危《あぶ》ないらしい」といううわさ話《ばなし》が，人《ひと》づてに広《ひろ》まりました。後日《ごじつ》，預金《よきん》をおろそうとする人々《ひとびと》が窓口《まどぐち》につめかけ，大混乱《だいこんらん》となりました。

重要《じゅうよう》であいまいな情報《じょうほう》ほど，広《ひろ》まりやすい

アメリカの心理学者《しんりがくしゃ》のゴードン・オルポートたちは，流言《りゅうげん》の広《ひろ》がりやすさを，「R～i×a」という式《しき》にあらわしました。

Rは流言《りゅうげん》の広《ひろ》がりやすさ，iは情報《じょうほう》の重要《じゅうよう》さ，aは情報《じょうほう》に対《たい》する証拠《しょうこ》のあいまいさ，～は比例《ひれい》を意味《いみ》しています。iとaが大《おお》きければ大《おお》きいほど，Rも大《おお》きくなります。

信用金庫《しんようきんこ》の騒動《そうどう》がおきた地域《ちいき》では，数年前《すうねんまえ》に金《きん》融機関《ゆうきかん》が破綻《はたん》していました。情報《じょうほう》に対《たい》する証拠《しょうこ》のあいまいさ（a）が大《おお》きかった（信用金庫《しんようきんこ》は安全《あんぜん》だという確信《かくしん》がもてなかった）と考《かんが》えられています。

4 自分《じぶん》の記憶《きおく》への疑《うたが》いが，ウソの自白《じはく》を生《う》みだす

自分《じぶん》は犯人《はんにん》かもしれないと自分《じぶん》を疑《うたが》う

冤罪《えんざい》は，犯行《はんこう》を実際《じっさい》には犯《おか》していない容疑者《ようぎしゃ》が，罪《つみ》を認《みと》めるうその自白《じはく》をしたためにおきるケースが多《おお》いといいます。**取《と》り調《しら》べの最中《さいちゅう》に，ひょっとしたら自分《じぶん》は犯人《はんにん》かもしれないと自分《じぶん》を疑《うたが》ってしてしまううその自白《じはく》を，「強制《きょうせい》―自己同《じこどう》化型《かがた》」とよびます。**

うその自白《じはく》のパターンはほかにも，誰《だれ》かの身代《みが》わりとなるために進《すす》んでうその自白《じはく》をするもの，取《と》り調《しら》べの圧力《あつりょく》に耐《た》えきれずにうその自白《じはく》をしてしまうものがあるぞ。

なぜ自分《じぶん》がやったのかもしれないと考《かんが》えるのか

犯行《はんこう》を犯《おか》していないことは，本来《ほんらい》自分《じぶん》自身《じしん》が一《いち》番《ばん》よく知《し》っているはずです。ではなぜ，自分《じぶん》がやってしまったのかもしれないと考《かんが》えてしまうのでしょう。

イギリスの法心理学者《ほうしんりがくしゃ》のギスリー・グッドジョンソンは，強制《きょうせい》—自己同化型《じこどうかがた》の自白《じはく》をつくりだす取《と》り調《しら》べの要素《ようそ》を，いくつかあげています。その中《なか》に，二《ふた》つのポイントがあります。一《ひと》つは，容《よう》疑者《ぎしゃ》の記憶《きおく》がたよりにならないことを納得《なっとく》させる取《と》り調《しら》べです。容疑者《ようぎしゃ》は，自分《じぶん》の記憶力《きおくりょく》に不信《ふしん》感《かん》をもつようになります。もう一《ひと》つは，物的証《ぶってきしょう》拠《こ》を提示《ていじ》する取《と》り調《しら》べです。人《ひと》は，警察《けいさつ》がまちがえるはずはないし，うそをいうはずがないと考《かんが》える傾向《けいこう》にあるようです。容疑者《ようぎしゃ》は，物的証拠《ぶってきしょうこ》が何《なに》よりの動《うご》かぬ証拠《しょうこ》ととらえてしまうのです。

4 問《と》いつめられて自分《じぶん》を疑《うたが》う

強制《きょうせい》—自己同化型《じこどうかがた》の自白《じはく》を確《たし》かめる実験《じっけん》です。パソコンのALTキーを打《う》ったかどうかというあいまいな記憶《きおく》について問《と》いつめられると，28％の人《ひと》が，自《じ》分《ぶん》を疑《うたが》うようになりました。

1.
実験参加者《じっけんさんかしゃ》（75人《にん》）に，一定《いってい》の速度《そくど》でパソコンのキーを打《う》つよう指示《しじ》を出《だ》します。

このとき，「もしパソコンのALTキーを押《お》してしまった場合《ばあい》，データがすべて消《き》えてしまうので，ALTキーは押《お》さないように」と念《ねん》をおします。

作業開始《さぎょうかいし》

2.
作業《さぎょう》の途中《とちゅう》で，突然《とつぜん》パソコンが停止《ていし》します（実《じつ》は最初《さいしょ》からしくまれています）。

3.
研究《けんきゅう》グループが，「ALTキーを押《お》したのではないか」と参加《さんか》者《しゃ》を問《と》いつめます。

4.
部屋《へや》を出《で》た参加者《さんかしゃ》に，別《べつ》の参加者《さんかしゃ》（参加者《さんかしゃ》になりすました研究《けんきゅう》グループの人《ひと》）が，何《なに》がおきたのかを聞《き》きだします。

自分《じぶん》がALTキーを押《お》したためにパソコンが停止《ていし》したと思《おも》いこんでいた人《ひと》の割合《わりあい》

28％

記憶《きおく》のエラーを実感《じっかん》

高校生《こうこうせい》の小林君《こばやしくん》と大島君《おおしまくん》が，何《なに》やら話《はなし》をしています。

小林《こばやし》：あー，またテストだめだったよ。せっかくがんばって徹夜《てつや》で覚《おぼ》えたのにな。

大島《おおしま》：しょうがないよ。人間《にんげん》の記憶《きおく》なんてあいまいで，まちがえやすいものらしいよ。

小林《こばやし》：そんなことはない。俺《おれ》はちゃんと覚《おぼ》えてたんだけど，たまたま思《おも》いだせなかったんだ。

大島《おおしま》：じゃあちょっと実験《じっけん》してみる？　まずは，30秒《びょう》でこの15個《こ》の単語《たんご》を覚《おぼ》えてみて。全部《ぜんぶ》じゃなくてもいいよ。

小林《こばやし》：いいや，全部覚《ぜんぶおぼ》えてやる！

Q1

下《した》のイラストに，15個《こ》の単語《たんご》が書《か》かれています。これらを30秒《びょう》ほどで，どれだけ覚《おぼ》えられるでしょうか。30秒《びょう》ほどたったら，ページをめくって78ページに進《すす》んでください。一度進《いちどすす》んだら，戻《もど》らないようにしましょう。

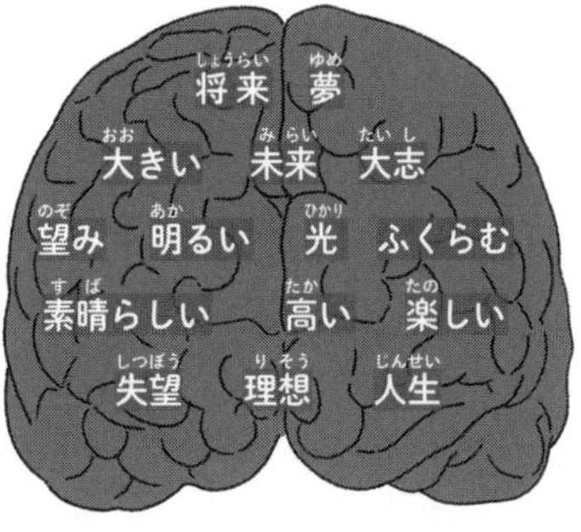

何《なに》があった？

Q2 15個《こ》の単語《たんご》の中《なか》に，「夢《ゆめ》」や「光《ひかり》」，「希望《きぼう》」はあったでしょうか。よく考《かんが》えてから，下《した》の答えと右《みぎ》の解説《かいせつ》を読《よ》んでください。

A 15個《こ》の単語《たんご》の中《なか》には，「夢《ゆめ》」や「光《ひかり》」はありましたが，「希望《きぼう》」は含《ふく》まれていませんでした。

「希望《きぼう》」はあったはずだと感《かん》じた人《ひと》も多《おお》いのではないでしょうか。記憶《きおく》の誤《あやま》りをおこす理由《りゆう》は，15個《こ》の単語《たんご》が「希望《きぼう》」と連想関係《れんそうかんけい》にあり，単語《たんご》を覚《おぼ》えるときに「希望《きぼう》」を思《おも》い浮《う》かべるからだと考《かんが》えられています。人間《にんげん》が短期的《たんきてき》に覚《おぼ》えられる単語《たんご》は，一般的《いっぱんてき》に7個《こ》前後《ぜんご》です。覚《おぼ》えようとした15個《こ》すべての単語《たんご》を思《おも》いだせないため，覚《おぼ》えるときに思《おも》い浮《う》かべた「希望《きぼう》」を，見《み》たものとしてまちがえやすくなるのだといわれています。

小林《こばやし》：人間《にんげん》の記憶《きおく》がたよりないなら，勉強《べんきょう》しても意味《いみ》ないんじゃないの？

大島《おおしま》：いやいや，これは短期《たんき》の記憶《きおく》の話《はなし》だから。ただ勉強《べんきょう》したくないだけだろ！

5 事後《じご》の情報《じょうほう》で，記憶《きおく》がゆがめられる

「目撃証言《もくげきしょうげん》」は，正確《せいかく》ではない

記憶《きおく》の誤《あやま》りやすさは，現実社会《げんじつしゃかい》でも深刻《しんこく》な問《もん》題《だい》となっています。たとえば記憶《きおく》にもとづく「目《もく》撃証言《げきしょうげん》」は，一般《いっぱん》に思《おも》われているほど正確《せいかく》ではありません。アメリカでは，のちのDNA鑑定《かんてい》によって冤罪《えんざい》だったと判明《はんめい》した300名《めい》の裁判《さいばん》のうち，少《すく》なくとも約《やく》75%において，事実《じじつ》とはことなる目撃証言《もくげきしょうげん》が有罪《ゆうざい》の根拠《こんきょ》だったという報告《ほうこく》があります。

事後《じご》の情報《じょうほう》が記憶《きおく》に影響《えいきょう》をあたえる

1978年《ねん》に，アメリカの心理学者《しんりがくしゃ》のエリザベス・ロフタス博士《はかせ》らによって，事後《じご》の情報《じょうほう》が記憶《きおく》にあたえる影響《えいきょう》について実験《じっけん》が行《おこな》われました（82～83ページのイラスト）。

まず，実験《じっけん》の参加者《さんかしゃ》は，交通事故《こうつうじこ》を描写《びょうしゃ》した一連《いちれん》のスライドを見《み》ます。次《つぎ》に，スライドの内容《ないよう》について質問《しつもん》を受《う》けます。そして20分後《ぶんご》に，見《み》たスライドに写《うつ》っていたのは停止標識《ていしひょうしき》か，徐行《じょこう》標識《ひょうしき》かを選《えら》びます。

この実験《じっけん》で，「見《み》たスライド内《ない》の標識《ひょうしき》」と「質《しつ》問《もん》で言及《げんきゅう》された標識《ひょうしき》」が一致《いっち》していた場合《ばあい》の正答《せいとう》率《りつ》は75%だったのに対《たい》して，一致《いっち》していなかった場合《ばあい》の正答率《せいとうりつ》は41%でした。**実際《じっさい》に見《み》たものとは矛盾《むじゅん》した情報《じょうほう》を事後《じご》に聞《き》いたことで，正答《せいとう》率《りつ》が半分近《はんぶんちか》くになったのです。**

5 事後《じご》の情報《じょうほう》で正答率《せいとうりつ》が変化《へんか》

ロフタス博士《はかせ》らの実験《じっけん》の流《なが》れをえがきました。博士《はかせ》らは，記《き》憶《おく》が事後《じご》の情報《じょうほう》によって上書《うわが》きされると考《かんが》えました。しかし近年《きんねん》は，思《おも》いだす際《さい》に混同《こんどう》されるという考《かんが》えが有力《ゆうりょく》です。

1

実験《じっけん》の参加者《さんかしゃ》は，アメリカのワシントン大学《だいがく》の学生《がくせい》195名《めい》でした。参加者《さんかしゃ》は，交《こう》通事故《つうじこ》を描写《びょうしゃ》した一連《いちれん》の30枚《まい》のスライドを，1枚《まい》あたり約《やく》3秒《びょう》ずつ見《み》ます。上《うえ》は，スライドのうちの1枚《まい》のイメージです。参加者《さんかしゃ》の約半数《やくはんすう》は，「停止標識《ていしひょうしき》」が写《うつ》ったスライドを見《み》ます。一方《いっぽう》，残《のこ》りの約半《やくはん》数《すう》は，「徐行標識《じょこうひょうしき》」が写《うつ》ったスライドを見《み》ます。

20分後《ぶんご》

2

スライドの内容《ないよう》について，20個《こ》の質問《しつもん》に回答《かいとう》します。そのうち1問《もん》では，約半数《やくはんすう》の参加者《さんかしゃ》が誤《あやま》った内容《ないよう》（スライドに写《うつ》っていた標識《ひょうしき》と一致《いっち》しない標識《ひょうしき》）を含《ふく》む質問《しつもん》をされます。残《のこ》りの約半数《やくはんすう》は正《ただ》しい内容《ないよう》（スライドに写《うつ》っていた標識《ひょうしき》と一致《いっち》した標識《ひょうしき》）を含《ふく》む質問《しつもん》をされます。

3

20分後《ぶんご》，「最初《さいしょ》に見《み》たスライドは停止標識《ていしひょうしき》が写《うつ》っているものと徐行標識《じょこうひょうしき》が写《うつ》っているもののどちらだったか」を含《ふく》む15の質問《しつもん》に答《こた》えます。2択《たく》なので，ランダムに回答《かいとう》した場合《ばあい》の正答率《せいとうりつ》は50%です。結果《けっか》は，スライドに写《うつ》っていた標識《ひょうしき》と質問《しつもん》の標識《ひょうしき》が一致《いっち》していた場合《ばあい》の正答率《せいとうりつ》は75%，一致《いっち》していない場合《ばあい》の正答率《せいとうりつ》は41%でした。

6 顔《かお》の特徴《とくちょう》を，言葉《ことば》で覚《おぼ》えてはいけない

特徴《とくちょう》を言葉《ことば》で補足《ほそく》すると，覚《おぼ》えやすい？

顔《かお》を記憶《きおく》するとき，脳《のう》の中《なか》では，目《め》や鼻《はな》などの位置関係《いちかんけい》を全体的《ぜんたいてき》に覚《おぼ》える処理《しょり》と，目《め》や鼻《はな》の形《かたち》などの特徴《とくちょう》を覚《おぼ》える処理《しょり》が行《おこな》われると考《かんが》えられています。さらに言葉《ことば》で補足《ほそく》すれば，より覚《おぼ》えやすい気《き》もします。ところが1990年《ねん》にアメリカで報告《ほうこく》された実験結果《じっけんけっか》は，逆《ぎゃく》でした。

この実験《じっけん》の参加者《さんかしゃ》は，強盗《ごうとう》が登場《とうじょう》する動画《どうが》を見《み》たあとで，顔《かお》を思《おも》いだして特徴《とくちょう》を言葉《ことば》で列挙《れっきょ》します。すると，あとで強盗《ごうとう》の顔《かお》を8枚《まい》の写真《しゃしん》から正《ただ》しく識別《しきべつ》できた人《ひと》は38%で，言葉《ことば》で列挙《れっきょ》しなかった場合《ばあい》の64%にくらべて低《ひく》かったのです。これを，「言語陰蔽効果《げんごいんぺいこうか》」といいます。

顔《かお》の記憶《きおく》には，事後《じご》の情報《じょうほう》も影響《えいきょう》する

顔《かお》の記憶《きおく》には，「事後情報効果《じごじょうほうこうか》」も影響《えいきょう》します。2013年《ねん》，アメリカの軍人《ぐんじん》800人以上《にんいじょう》を参加者《さんかしゃ》として，苦痛《くつう》をともなう尋問《じんもん》に耐《た》える訓練《くんれん》の一環《いっかん》で行《おこな》われた実験結果《じっけんけっか》が報告《ほうこく》されました。参加者《さんかしゃ》の一部《いちぶ》は尋問後《じんもんご》に，実際《じっさい》の尋問者《じんもんしゃ》とはちがう人物《じんぶつ》の顔写真《かおじゃしん》を数分間《すうふんかん》，見《み》せられました。すると，その後《ご》，尋問者《じんもんしゃ》を含《ふく》まない9択《たく》の顔写真《かおじゃしん》から尋問者《じんもんしゃ》を選《えら》ぶテスト（正解《せいかい》は「いない」）で，誤《あやま》りやすくなりました。

実験《じっけん》では，写真《しゃしん》を見《み》せなかった参加者《さんかしゃ》が誤《あやま》る確率《かくりつ》は53％だったのに対《たい》し，見《み》せた参加者《さんかしゃ》が誤《あやま》る確率《かくりつ》は91％と高《たか》かったそうだ。

6 顔《かお》の特徴《とくちょう》を言語化《げんごか》すると…

左《ひだり》ページの顔《かお》について，全体《ぜんたい》を認識《にんしき》する処理《しょり》のイメージと，個々《ここ》の特徴《とくちょう》を言語化《げんごか》するイメージを右《みぎ》ページにえがきました。言語化《げんごか》すると，元《もと》の顔《かお》は思《おも》いだしにくくなります。

顔全体《かおぜんたい》を認識《にんしき》する処理《しょり》のイメージ

灰色《はいいろ》の線《せん》は，顔《かお》のバランスをとらえて絵《え》にする際《さい》に書《か》き入《い》れる線《せん》のイメージです。黒《くろ》い球《たま》は，目《め》と鼻《はな》の位置関係《いちかんけい》や，口《くち》の位置《いち》や形《かたち》などをとらえるポイントとなる場所《ばしょ》の例《れい》です。

顔《かお》の個々《ここ》の特徴《とくちょう》を言語化《げんごか》するイメージ

個々《ここ》の特徴《とくちょう》を言葉《ことば》にして，対応《たいおう》する場所《ばしょ》に配置《はいち》しています。通常《つうじょう》，顔《かお》を覚《おぼ》える場合《ばあい》，個々《ここ》の特徴《とくちょう》にも注目《ちゅうもく》してはいますが，全体《ぜんたい》を認識《にんしき》する処理《しょり》が優先《ゆうせん》されると考《かんが》えられています。

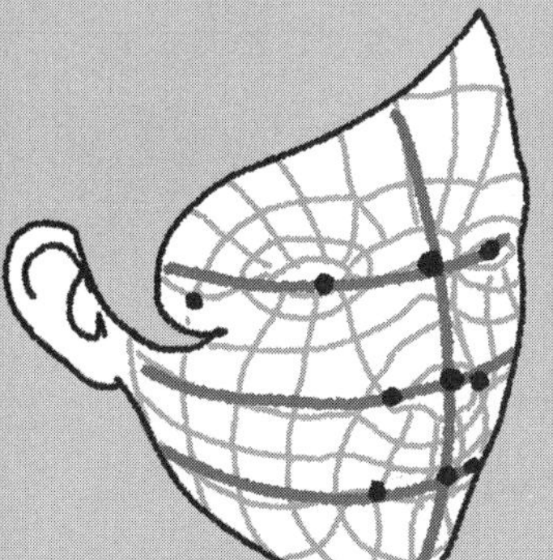

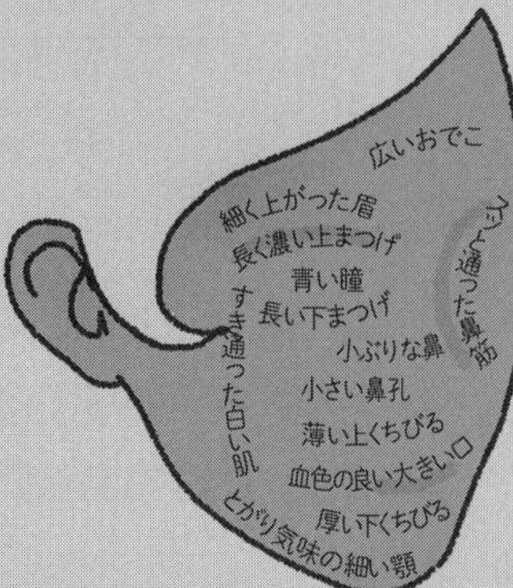

7 強盗犯《ごうとうはん》の顔《かお》は，思《おも》いだしづらい

凶器《きょうき》に強《つよ》く注意《ちゅうい》が向《む》く

突発的《とっぱつてき》に出《で》くわす強盗事件《ごうとうじけん》のような出来事《できごと》では，おどろきや恐怖《きょうふ》の感情《かんじょう》が呼《よ》びおこされます。そのような状況《じょうきょう》では，「凶器注目効果《きょうきちゅうもくこうか》（トンネル視《し》）」とよばれる現象《げんしょう》がおきます。

この現象《げんしょう》は，凶器《きょうき》に強《つよ》く注意《ちゅうい》が向《む》く一方《いっぽう》で，犯人《はんにん》の顔《かお》や，服装《ふくそう》などの背景情報《はいけいじょうほう》は知覚《ちかく》されにくくなり，ひいては記憶《きおく》されにくくなるというものです。

凶器《きょうき》に注目《ちゅうもく》してしまうしくみとして，二《ふた》つの説《せつ》が有力《ゆうりょく》です。一《ひと》つは，おどろきや恐怖《きょうふ》が，視覚的《しかくてき》な注意《ちゅうい》の範囲《はんい》をせばめるというものです。もう一《ひと》つは，通常《つうじょう》はありえない状況《じょうきょう》であるため，視覚的《しかくてき》な注意《ちゅうい》が凶器《きょうき》に引《ひ》きつけられるというものです。

7 思《おも》わず拳銃《けんじゅう》に注目《ちゅうもく》

ふいに拳銃《けんじゅう》を突《つ》きつけられると，拳銃《けんじゅう》に意識《いしき》が集《しゅう》中《ちゅう》してしまうのが人間《にんげん》の心理《しんり》だといいます。そのため，犯人《はんにん》の顔《かお》をはっきりと覚《おぼ》えていないということがあるのです。

たとえば，普段《ふだん》は台所《だいどころ》にある包丁《ほうちょう》が寝室《しんしつ》にあると，注意《ちゅうい》が包丁《ほうちょう》に引《ひ》きつけられてしまいます。

緊張感《きんちょうかん》には最適《さいてき》な水準《すいじゅん》がある

緊張感《きんちょうかん》（ストレスや覚醒《かくせい》の度合《どあ》い）が強《つよ》すぎても弱《よわ》すぎても，記憶力《きおくりょく》（記憶《きおく》の効率《こうりつ》）が下《さ》がるという関係《かんけい》も知《し》られています。緊張感《きんちょうかん》には，最適《さいてき》な水準《すいじゅん》があるのです。凶器注目効果《きょうきちゅうもくこうか》や85ページの尋問《じんもん》は，緊張感《きんちょうかん》が強《つよ》すぎる状態《じょうたい》に相当《そうとう》します。

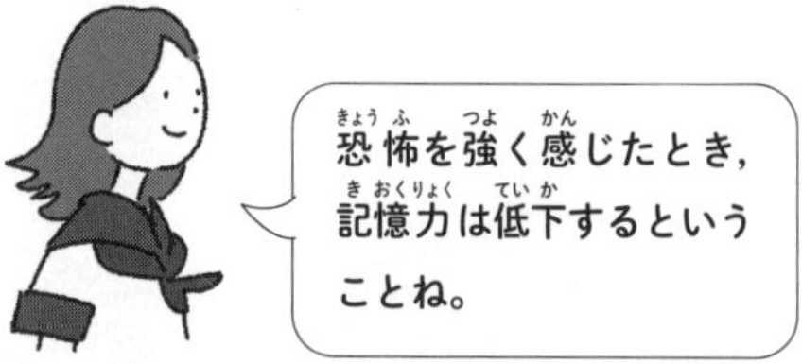

8 鮮明《せんめい》な記憶《きおく》も，偽《いつわ》りの記憶《きおく》かもしれない

記録《きろく》とことなることを，鮮明《せんめい》に覚《おぼ》えている

世界的《せかいてき》な重大事件《じゅうだいじけん》は，いやがおうにも記憶《きおく》に残《のこ》ります。長《なが》い時間《じかん》が経《た》ってからも，そのとき，どこで，だれと，何《なに》をしていたかなどについても，鮮明《せんめい》に思《おも》いだせることがわかっています。この記憶現象《きおくげんしょう》は，「フラッシュバルブ・メモリー（閃光記憶《せんこうきおく》）」とよばれます。

しかし，これらの記憶《きおく》が鮮明《せんめい》だからといって，正確《せいかく》だとはかぎりません。大事件《だいじけん》の直後《ちょくご》に，実験参加者《じっけんさんかしゃ》がどこで何《なに》をしていたかなどを聞《き》いて記録《きろく》しておき，たとえば1年後《ねんご》にふたたび質問《しつもん》すると，記録《きろく》とことなることを鮮明《せんめい》に覚《おぼ》えていたという事例《じれい》が報告《ほうこく》されています。

「いつ」「どこで」には，注意《ちゅうい》が向《む》けられていない

閃光《せんこう》記憶《きおく》がゆがむのは，その後《ご》，何度《なんど》も脳《のう》の「前頭《ぜんとう》前野《ぜんや》」で想起《そうき》され，再構成《さいこうせい》されることによると考《かんが》えられています。

元々《もともと》，「いつ」「どこで」といった情報《じょうほう》は，出来《でき》事《ごと》が記憶《きおく》されたときに，ほとんど注意《ちゅうい》が向《む》けられていません。それでも強引《ごういん》に思《おも》いだそうとする結果《けっか》，情報源《じょうほうげん》（ソース）を頭《あたま》の中《なか》で探《さぐ》る能力《のうりょく》である，「ソースモニタリング」のエラーがおきるのだといいます。

memo

8 別《べつ》の記憶《きおく》が思《おも》いだされる

アメリカ同時多発《どうじたはつ》テロのときの記憶《きおく》が，誤《あやま》って思《おも》いだされるイメージです。実際《じっさい》は立《た》ち話中《ばなしちゅう》だったにもかかわらず，買《か》い物《もの》や電話《でんわ》などの事実《じじつ》とはことなる記憶《きおく》が思《おも》いだされ，再構成《さいこうせい》されます。

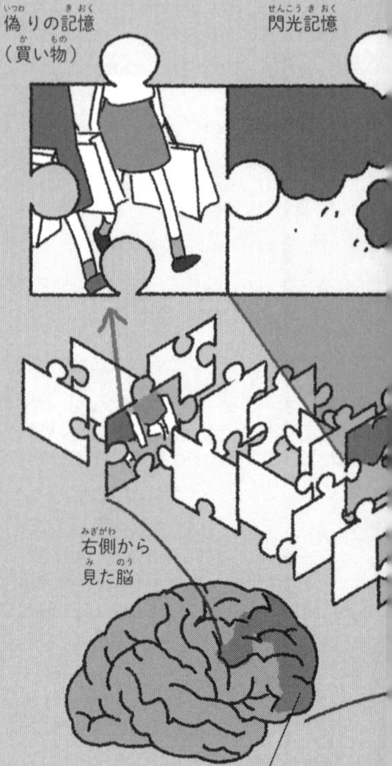

事実《じじつ》
（同時多発《どうじたはつ》テロ）
偽《いつわ》りの記憶《きおく》
（電話《でんわ》）
事実《じじつ》（立《た》ち話《ばなし》）が
思《おも》いだされない
脳内《のうない》に雑然《ざつぜん》と保存《ほぞん》され
ている記憶《きおく》のイメージ

博士《はかせ》！教《おし》えて!!

心理学的《しんりがくてき》に効果的《こうかてき》な記憶術《きおくじゅつ》とは？

試験《しけん》に備《そな》えて，中村君《なかむらくん》は必死《ひっし》で勉強《べんきょう》しているようです。

博士《はかせ》，今度《こんど》の心理学《しんりがく》のテストは良《い》い点《てん》をとりますよ！ 昨日《きのう》も6時間《じかん》，ぶっ通《とお》しで勉強《べんきょう》しました。

うぉっほっほ。心理学《しんりがく》の勉強《べんきょう》は進《すす》んでおらんようじゃな。同《おな》じ時間《じかん》をかけても，休憩《きゅうけい》しない集中学習《しゅうちゅうがくしゅう》よりも，休憩《きゅうけい》を入《い》れながらの分《ぶん》散学習《さんがくしゅう》の方《ほう》が効率《こうりつ》がいいんじゃ。

あ……。

覚《おぼ》えやすくする工夫《くふう》は忘《わす》れとらんじゃろうな。「精緻化《せいちか》」「カテゴリー分《わ》け」「階層分《かいそうわ》け」じゃ。

情報《じょうほう》を付加《ふか》して覚《おぼ》えるのが精緻化《せいちか》で，暗記《あんき》しやすくなるんじゃ。語呂合《ごろあ》わせも精緻化《せいちか》じゃな。それから，「忘却曲線《ぼうきゃくきょくせん》」を考慮《こうりょ》した復習《ふくしゅう》方法《ほうほう》もあったぞ。

1日後《にちご》，その1週間後《しゅうかんご》，その2週間後《しゅうかんご》，その4週間後《しゅうかんご》に復習《ふくしゅう》するといい……。ちょっと不《ふ》安《あん》だな。

試験前《しけんまえ》に，不安《ふあん》な気持《きも》ちを書《か》きだすといいぞ。

デジャブはなぜおきる？

はじめての体験《たいけん》なのに，「あ，昔《むかし》ここに来《き》たことがある」「前《まえ》に同《おな》じようなことをやったことがある」と感《かん》じることを，「デジャブ（既視感《きしかん》）」といいます。なぜこの現象《げんしょう》がおきるのでしょうか。

たとえば私《わたし》たちがある場所《ばしょ》を訪《おとず》れたとき，記憶《きおく》の中《なか》にあるよく似《に》た景色《けしき》が呼《よ》びおこされます。その経験《けいけん》が今《いま》の目《め》の前《まえ》の景色《けしき》に似《に》ていれば似《に》ているほど，「この景色《けしき》，見《み》たことがある」と強《つよ》く感《かん》じます。**ポイントは，「でも，私《わたし》がここに来《く》るのははじめてだ」という確信《かくしん》があることです。**これが，デジャブのおきるメカニズムだと考《かんが》えられています。

デジャブはすべての人《ひと》が経験《けいけん》するわけではなく，経験《けいけん》したことがあるのは3分《ぶん》の2ほどの人《ひと》だといわれています。また，その不思議《ふしぎ》な感覚《かんかく》ゆえに，「デジャブは前世《ぜんせい》の記憶《きおく》である」などと，オカルト的《てき》で現実《げんじつ》ばなれした意味《いみ》をあたえる人《ひと》もいるようです。

第《だい》4章《しょう》

「損《そん》」と「得《とく》」の心理学《しんりがく》

人《ひと》は，物事《ものごと》を決断《けつだん》するときなどに，損《そん》や得《とく》を考《かんが》えてしまうことがあります。第《だい》4章《しょう》では，損得《そんとく》にまつわる心理《しんり》を，具体例《ぐたいれい》をあげながら紹介《しょうかい》します。

1 割《わ》り勘《かん》にすると，ついつい注文《ちゅうもん》しすぎる

「どうせ今日《きょう》は割《わ》り勘《かん》なのだから」

大勢《おおぜい》で食事《しょくじ》に行《い》く場合《ばあい》，全員分《ぜんいんぶん》の飲食代《いんしょくだい》を割《わ》り勘《かん》ですませることがあるのではないでしょうか。

あらかじめ，「今日《きょう》は割《わ》り勘《かん》ですよ」と知《し》らされていると，ついこんなことを考《かんが》えてしまいませんか。「どうせ今日《きょう》は割《わ》り勘《かん》なのだから，いつもはためらってしまう高《たか》い料理《りょうり》を注文《ちゅうもん》してしまおう」。

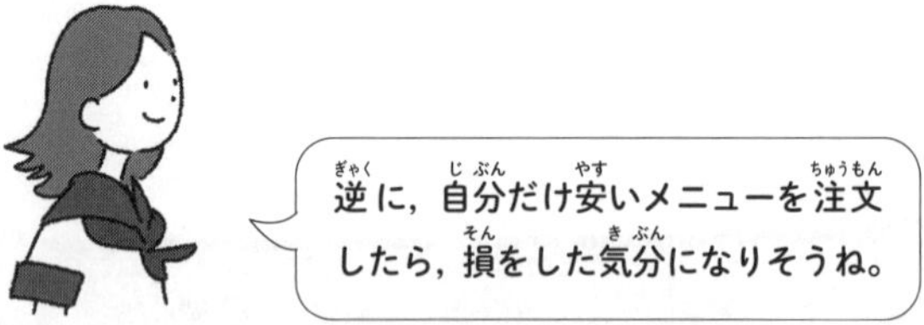

1 得するつもりが損!?

割《わ》り勘《かん》といわれると，高額《こうがく》のものをたのんで得《とく》をしようと考《かんが》えがちです。しかし，全員《ぜんいん》が同《おな》じように考《かんが》えると総額《そうがく》が高《たか》くなり，1人《ひとり》あたりが支払《しはら》う金額《きんがく》もふえてしまいます。

自分《じぶん》の利益《りえき》を考《かんが》えて，
自分《じぶん》たちに損《そん》をさせる

実《じつ》はこの心理《しんり》は，割《わ》り勘《かん》にひそむ落《お》とし穴《あな》なのです。おそらく食事《しょくじ》に行《い》った全員《ぜんいん》が，あなたと同《おな》じことを考《かんが》えるでしょう。その結果《けっか》，全員分《ぜんいんぶん》の飲食代《いんしょくだい》は大《おお》きくふくれ上《あ》がってしまい，1人《ひとり》あたりが支払《しはら》う金額《きんがく》はやはり高《たか》くなります。**ひとりひとりが自分《じぶん》の利益《りえき》を考《かんが》えてとった行動《こうどう》が，結《けっ》局《きょく》自分《じぶん》たちに損《そん》をさせているのです。**これを，「割《わ》り勘《かん》のジレンマ」といいます。

同《おな》じような問題《もんだい》は，世《よ》の中《なか》のさまざまなところでおきます。たとえば，水不足《みずぶそく》にそなえて，国民《こくみん》ひとりひとりが少《すこ》しでも多《おお》く水《みず》を確保《かくほ》しようと躍《やっ》起《き》になれば，水《みず》がほんとうに不足《ふそく》してしまうのです。これらの状況《じょうきょう》は，「社会的《しゃかいてき》ジレンマ」とよばれています。

2 「得《とく》」よりも「損《そん》」の衝撃《しょうげき》が大《おお》きい

確実《かくじつ》なもうけか，賭《か》けにいどむか

106～107ページのイラストは，確実《かくじつ》なもうけをとるか賭《か》けにいどむか，どちらかを選《えら》ぶ実験《じっけん》です。

実《じつ》は質問《しつもん》1と質問《しつもん》2は，もらう金額《きんがく》と確率《かくりつ》は同《おな》じです。聞《き》き方《かた》がちがうだけで，どちらを選《えら》ぶ人《ひと》が多《おお》いかがかわってしまったのです。

このような実験結果《じっけんけっか》が出《で》るのは，私《わたし》たちが損《そん》をしたときと得《とく》をしたときで，感《かん》じ方《かた》がちがうからだと考《かんが》えられています。

2 堅実派《けんじつは》？　冒険派《ぼうけんは》？

実験《じっけん》の結果《けっか》，質問《しつもん》1では，さらに5000円《えん》をもらう（a）を選《えら》ぶ人《ひと》が多《おお》くなりました。つづけて聞《き》いた質問《しつもん》2では，50%の確率《かくりつ》で1万円《まんえん》を返《かえ》す賭《か》けにいどむ（b）を選《えら》ぶ人《ひと》が多《おお》くなりました。

質問《しつもん》1「どちらを選《えら》ぶ？」

aを選《えら》ぶ人《ひと》が多《おお》い

質問《しつもん》2「どちらを選《えら》ぶ？」

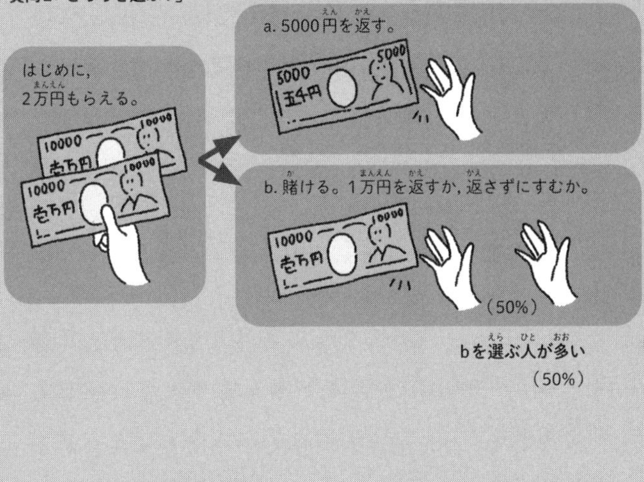

bを選《えら》ぶ人《ひと》が多《おお》い

（50%）

失《うしな》うときに感《かん》じる価値《かち》のほうが大《おお》きい

　アメリカの心理学者《しんりがくしゃ》で行動経済学者《こうどうけいざいがくしゃ》のダニエル・カーネマンとエイモス・トベルスキーは，1979年《ねん》に，「プロスペクト理論《りろん》」を発表《はっぴょう》しました。**この理論《りろん》によると，同《おな》じものであっても，人《ひと》にとっては得《え》るときに感《かん》じる価値《かち》よりも，失《うしな》うときに感《かん》じる価値《かち》のほうが大《おお》きくなります。**そして何《なに》かが失《うしな》われそうになると，それを失《うしな》わずにすむ方法《ほうほう》を選択《せんたく》する傾向《けいこう》があるといいます。この性質《せいしつ》は，「損失回避性《そんしつかいひせい》」とよばれます。

　実験《じっけん》の質問《しつもん》1では，確実《かくじつ》に多《おお》くのお金《かね》をもらえるaを選《えら》ぶ人《ひと》が多《おお》くなったと考《かんが》えられます。質問《しつもん》2では，5000円《えん》を返《かえ》すと損《そん》をするように感《かん》じる人《ひと》が多《おお》く，bを選《えら》ぶ人《ひと》が多《おお》くなったと考《かんが》えられるのです。

memo

3 やせた自分《じぶん》より，目《め》の前《まえ》のケーキが魅力的《みりょくてき》

ダイエットを決心《けっしん》したのに，食《た》べてしまう

こんな経験《けいけん》はないでしょうか。「毎日夕食後《まいにちゆうしょくご》に食《た》べるケーキを，ダイエットのためにやめようと決心《けっしん》したのに，次《つぎ》の日《ひ》の夕食後《ゆうしょくご》に冷蔵庫《れいぞうこ》にあるケーキを見《み》て食《た》べてしまった」。

私《わたし》たちはなぜ，目《め》の前《まえ》の誘惑《ゆうわく》に弱《よわ》いのでしょうか。これは，ダイエットを決心《けっしん》したときには，将来《しょうらい》のやせた自分《じぶん》のほうが価値《かち》が高《たか》かったのに，ケーキを目《め》の前《まえ》にするとケーキの価値《かち》のほうが高《たか》くなってしまうためだといいます。**決心《けっしん》したときも，ケーキを目《め》の前《まえ》にしたときも，その時々《ときどき》で「価値《かち》が高《たか》いほうを選《えら》ぶ」という判断《はんだん》をしているのです。**

なぜ目《め》の前《まえ》の誘惑《ゆうわく》に弱《よわ》いのか

「今日《きょう》ケーキを一《ひと》つもらうか，明日《あす》ケーキを二《ふた》つもらうか」という質問《しつもん》をして，選《えら》んでもらう実《じっ》験《けん》の結果《けっか》も，同《おな》じように説明《せつめい》できます。

この実験《じっけん》では，「今日《きょう》ケーキを一《ひと》つもらう」と答《こた》えた人《ひと》のほうが多《おお》かったようです。**ケーキが目《め》の前《まえ》にあると，たとえ一《ひと》つであっても，明日《あす》の二《ふた》つよりも価値《かち》が高《たか》くなる人《ひと》が多《おお》くなるようです。**このため，「今日《きょう》ケーキを一《ひと》つもらう」と答《こた》える人《ひと》が多《おお》くなるのです。

3 心《こころ》がわりは価値《かち》の変化《へんか》

時間《じかん》ごとの価値《かち》の変化《へんか》を，グラフにしました。ダイエットをしようと決心《けっしん》したときは，将来《しょうらい》のやせた自分《じぶん》の価値《かち》が最優先《さいゆうせん》されます。しかし，ケーキを目《め》の前《まえ》にすると，ケーキの価値《かち》に逆転《ぎゃくてん》され，心《こころ》がわりしてしまうのです。

一度《いちど》決心《けっしん》したことでも，
のちのち，気《き》がかわって
しまうのはなぜだろうか？

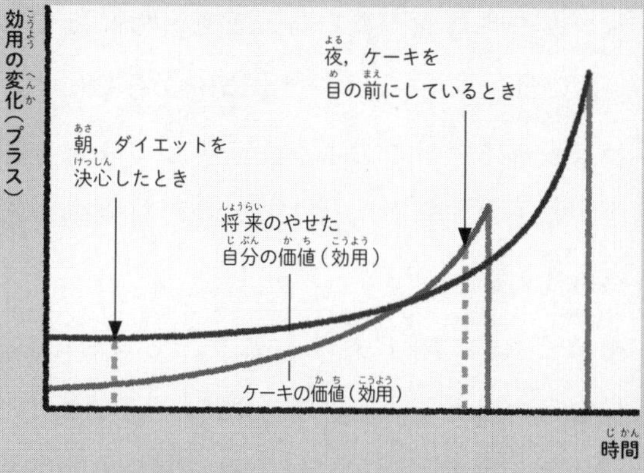
効用《こうよう》の変化《へんか》（プラス）
夜《よる》，ケーキを
目《め》の前《まえ》にしているとき
朝《あさ》，ダイエットを
決心《けっしん》したとき
将来《しょうらい》のやせた
自分《じぶん》の価値《かち》（効用《こうよう》）
ケーキの価値《かち》（効用《こうよう》）
時間《じかん》

4 愛煙家《あいえんか》は，たばこの有害性《ゆうがいせい》に耳《みみ》をふさぐ

一貫性《いっかんせい》があると思《おも》いたいという，強《つよ》い欲求《よっきゅう》

甘《あま》いケーキは食《た》べたいけれども，太《ふと》りたくない。お酒《さけ》は飲《の》みたいけれども，明日《あす》の仕事《しごと》にさしさわりがある―。このように矛盾《むじゅん》した考《かんが》えを同《どう》時《じ》にもつとき，私《わたし》たちは，心理的《しんりてき》な緊張感《きんちょうかん》や不《ふ》快感《かいかん》を覚《おぼ》えます。

それぞれの物事《ものごと》に対《たい》する態度《たいど》，考《かんが》え，信念《しんねん》，意見《いけん》などのことを，心理学《しんりがく》では，「認知要素《にんちようそ》」とよびます。**私《わたし》たちには，この認知要素《にんちようそ》の関係《かんけい》が矛盾《むじゅん》なく，できるだけ調和《ちょうわ》のとれたものになるように，態度《たいど》や信念《しんねん》を調整《ちょうせい》しようとする傾向《けいこう》があります。**それは，自分《じぶん》には一貫性《いっかんせい》があると思《おも》いたいという，だれもがもつ非常《ひじょう》に強《つよ》い欲求《よっきゅう》なのです。

4 愛煙家《あいえんか》の不協和《ふきょうわ》の解消法《かいしょうほう》

愛煙家《あいえんか》は，「長寿《ちょうじゅ》な喫煙者《きつえんしゃ》」「データは信憑性《しんぴょうせい》が低《ひく》い」「肥満《ひまん》を解消《かいしょう》できる」「ストレス解消《かいしょう》」などと考《かんが》えて，認知要素《にんちようそ》の不協和《ふきょうわ》の解消《かいしょう》を試《こころ》みます。

不協和《ふきょうわ》が生《しょう》じた際《さい》の
さまざまな解消方法《かいしょうほうほう》

たとえば愛煙家《あいえんか》なら，なるべく喫煙《きつえん》の有害性《ゆうがいせい》を示《しめ》す情報《じょうほう》には近《ちか》づかないようにします。また，「喫煙者《きつえんしゃ》の中《なか》にも長寿《ちょうじゅ》な人《ひと》はいる」「有害性《ゆうがいせい》を示《しめ》すデータは信憑性《しんぴょうせい》が低《ひく》い」などと認知要素《にんちようそ》をかえたり，「喫煙《きつえん》することで食欲《しょくよく》がおさえられ，肥満《ひまん》を解消《かいしょう》できる」「喫煙《きつえん》にはストレス解消《かいしょう》という利点《りてん》がある」などといった新《あら》たな認知要素《にんちようそ》を加《くわ》えたりすることで，不協和《ふきょうわ》の解消《かいしょう》を試《こころ》みます。

memo

なぜテスト前《まえ》に掃除《そうじ》を？

勉強《べんきょう》にいそしんだ中村君《なかむらくん》。試験《しけん》の手《て》ごたえは……？

試験《しけん》はどうじゃった。ずいぶん勉強《べんきょう》したようじゃが。

あ，博士《はかせ》。勉強《べんきょう》は順調《じゅんちょう》でしたよ。ただ，最後《さいご》の追《お》いこみの段階《だんかい》になって，部屋《へや》がきたないのが気《き》になって。

それで掃除《そうじ》をはじめた，と。

ええ。きれいじゃないと気《き》が散《ち》るじゃないですか。

ふむ。心理学的《しんりがくてき》に実《じつ》にわかりやすい。もし結《けっ》果《か》が悪《わる》くても，「掃除《そうじ》に時間《じかん》を使《つか》ってしまったから」といいわけできる。結果《けっか》がよければ，

「掃除《そうじ》に時間《じかん》を使《つか》ったにもかかわらずできた」と思《おも》える。

ええーっ，そんなつもりじゃ……。

セルフ・ハンディキャッピングといって，自《じ》尊心《そんしん》を守《まも》るための心理《しんり》じゃ。失敗《しっぱい》をおそれて，失敗《しっぱい》するような行動《こうどう》をする。無意識《むいしき》にしているのが，こわいところじゃよ。もっと自《じ》信《しん》をもって現実《げんじつ》に向《む》き合《あ》わんといかんぞ。

精神分析《せいしんぶんせき》の創始者《そうししゃ》 フロイト

1856年《ねん》 フロイト、現在《げんざい》の チェコに生《う》まれる

ゲーテの自然《しぜん》に 関《かん》する文章《ぶんしょう》を読《よ》み、 医師《いし》をめざす

ウィーンの病院《びょういん》では、 神経系《しんけいけい》の研究《けんきゅう》を 行《おこ》なっていた

パリに留学《りゅうがく》、 ヒステリーの 催眠療法《さいみんりょうほう》に感動《かんどう》！

ウィーンで 催眠療法《さいみんりょうほう》をはじめる

催眠療法《さいみんりょうほう》にかわる 治療法《ちりょうほう》として 精神分析《せいしんぶんせき》や 夢《ゆめ》の分析《ぶんせき》を行《おこな》う

そして、 無意識《むいしき》を発見《はっけん》！

フロイトの業績《ぎょうせき》は、

「コペルニクスの地動説《ちどうせつ》」 「ダーウィンの進化論《しんかろん》」 につづく、 「第《だい》3の革命《かくめい》」 と位置《いち》づけられた

最初《さいしょ》の論文《ろんぶん》

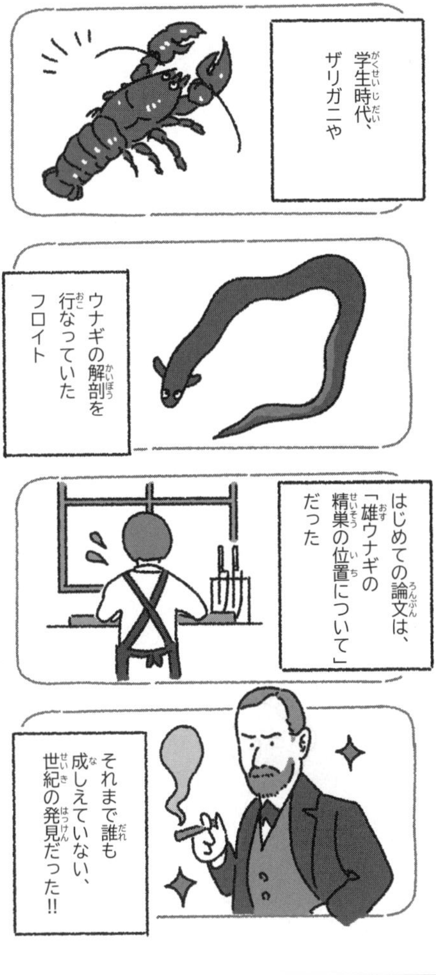

¥600
¥900

第《だい》5章《しょう》

年代別《ねんだいべつ》の心理学《しんりがく》

人《ひと》の心《こころ》は，長《なが》い一生《いっしょう》の中《なか》で，どのように変化《へんか》していくのでしょうか。第《だい》5章《しょう》では，年齢《ねんれい》ごとにあらわれる，人《ひと》の心《こころ》の特徴《とくちょう》についてみていきましょう。

1 性格《せいかく》の30〜50％は，遺伝《いでん》でつくられる

生《う》まれながらに性格《せいかく》は決《き》まっている？

あなたは，自分《じぶん》の性格《せいかく》が親《おや》や兄弟《きょうだい》に似《に》ているといわれたことはありませんか？　人間《にんげん》の性格《せいかく》はいつ，どのようにして決《き》まるのでしょう。

性格《せいかく》をつくる要因《よういん》については，昔《むかし》からさまざまな説《せつ》が唱《とな》えられてきました。おおまかには，遺伝《いでん》によって生《う》まれながらに性格《せいかく》が決《き》まっているという「生得説《しょうとくせつ》」と，生《う》まれたあとに過《す》ごす環境《かんきょう》によって性格《せいかく》が形《かたち》づくられるという「経験説《けいけんせつ》」に分《わ》かれます。

遺伝《いでん》と環境《かんきょう》の両方《りょうほう》の影響《えいきょう》を受《う》ける

　チャールズ・ダーウィン（1809～1882）が提《てい》唱《しょう》した「進化論《しんかろん》」の影響《えいきょう》を受《う》けて，19世紀末《せいきまつ》から20世紀《せいき》はじめにかけては，生得説的《しょうとくせつてき》な考《かんが》え方《かた》が強《つよ》く支持《しじ》されました。しかし第二次世界大戦後《だいにじせかいたいせんご》には，経験説《けいけんせつ》が優勢《ゆうせい》になりました。

　現在《げんざい》では，性格《せいかく》は遺伝《いでん》と環境《かんきょう》の両方《りょうほう》の影響《えいきょう》を受《う》けてつくられるという，「相互作用説《そうごさようせつ》」が広《ひろ》く受《う》け入《い》れられています。最近《さいきん》の研究《けんきゅう》では，性格《せいかく》のおよそ50%は遺伝的《いでんてき》な要因《よういん》で，残《のこ》りのおよそ50%は環境的《かんきょうてき》な要因《よういん》でつくられるという考《かんが》え方《かた》が有力《ゆうりょく》です。

1 遺伝《いでん》と環境《かんきょう》の影響《えいきょう》の割合《わりあい》

性格《せいかく》や知的能力《ちてきのうりょく》が形《かたち》づくられるうえで，環境《かんきょう》と遺伝《いでん》がそれぞれどのくらい影響《えいきょう》しているかをあらわしたグラフです。双子《ふたご》の観《かん》察《さつ》から求《もと》められました。「共有環境《きょうゆうかんきょう》」とは，双子《ふたご》の2人《ふたり》が同《おな》じように経験《けいけん》した家庭《かてい》などの環境《かんきょう》のことです。「非共有環境《ひきょうゆうかんきょう》」とは，双子《ふたご》の2人《ふたり》がことなる経験《けいけん》をした学校《がっこう》や職場《しょくば》などの環境《かんきょう》のことです。

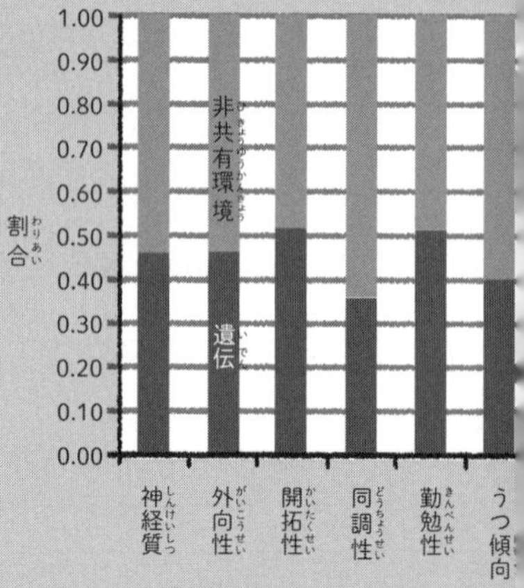

言葉《ことば》にかかわる能力《のうりょく》や学業《がくぎょう》成績《せいせき》については，家庭《かてい》の影響《えいきょう》がみられるぞ。

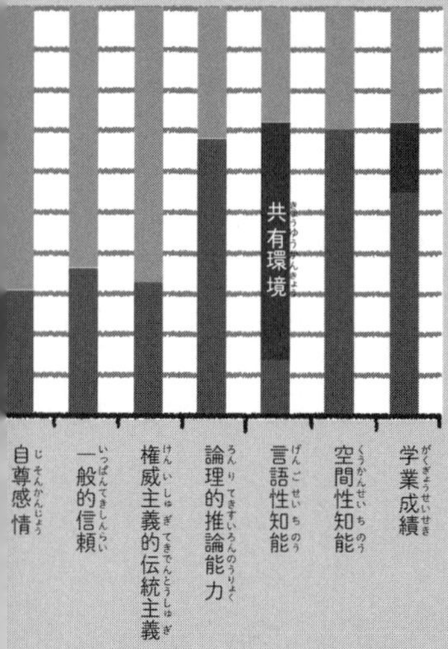
共有環境
自尊感情《じそんかんじょう》
一般的信頼《いっぱんてきしんらい》
権威主義的伝統主義《けんいしゅぎてきでんとうしゅぎ》
論理的推論能力《ろんりてきすいろんのうりょく》
言語性知能《げんごせいちのう》
空間性知能《くうかんせいちのう》
学業成績《がくぎょうせいせき》

2 あなたの性格《せいかく》をあらわす，「ビッグ・ファイブ」

どんな人《ひと》の性格《せいかく》も あらわせる特性《とくせい》とは？

ある人《ひと》の性格《せいかく》に，さまざまな特性《とくせい》がどのくらいあてはまっているのかを量的《りょうてき》に考《かんが》える，「特性《とくせい》論《ろん》」という考《かんが》え方《かた》があります。しかし，一口《ひとくち》に性《せい》格《かく》の特性《とくせい》といっても，数限《かずかぎ》りなく思《おも》いつくでしょう。どんな人《ひと》の性格《せいかく》でもあらわせる特性《とくせい》というものは，存在《そんざい》するのでしょうか？

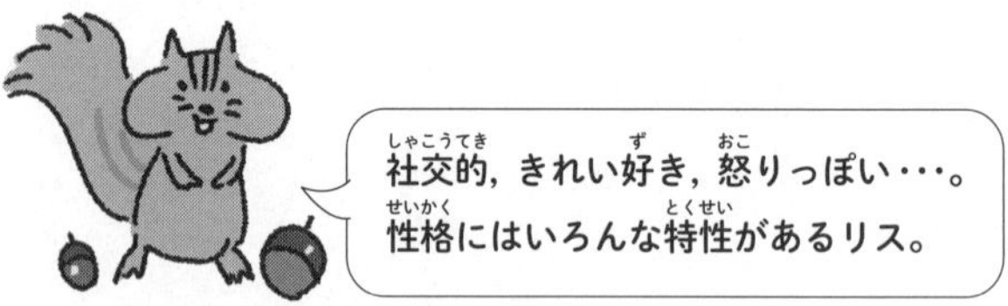

2 性格《せいかく》をあらわす五《いつ》つの特性《とくせい》

ビッグ・ファイブ理論《りろん》では，人《ひと》の性格《せいかく》を構成《こうせい》するのは，「外向性《がいこうせい》」「協調性《きょうちょうせい》」「良心性《りょうしんせい》」「情緒的安定性《じょうちょてきあんていせい》」「知性《ちせい》」の五《いつ》つの特性《とくせい》だと考《かんが》えられています。性格《せいかく》は，この五《いつ》つの特性《とくせい》の，量的《りょうてき》なちがいであらわされます。

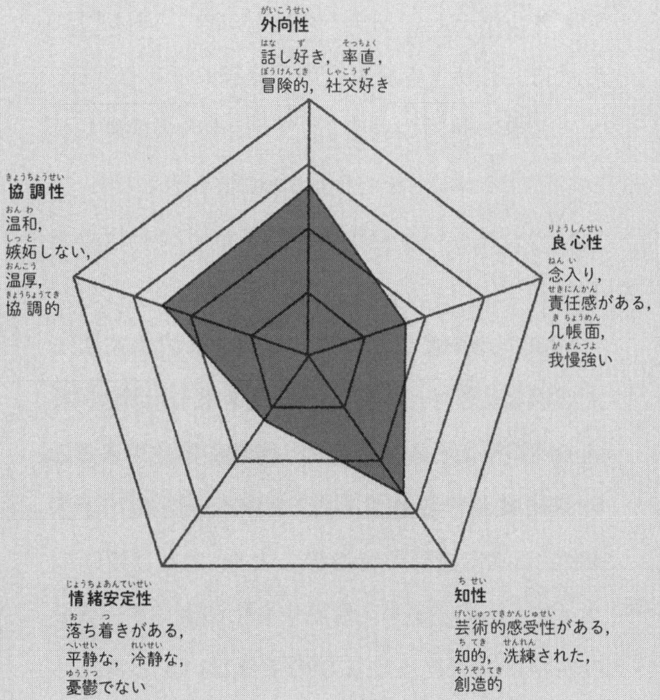

人《ひと》の態度《たいど》や行動《こうどう》に関《かん》する単語《たんご》から，特性《とくせい》を分類《ぶんるい》

特性論《とくせいろん》にもとづく本格的《ほんかくてき》な性格《せいかく》の理論《りろん》をはじめて組《く》み立《た》てたのは，アメリカの心理学者《しんりがくしゃ》のゴードン・オルポート（1897～1967）です。彼《かれ》は1930年代《ねんだい》に，当時《とうじ》世界《せかい》最大級《さいだいきゅう》の英語《えいご》辞典《じてん》であった『ウェブスター新国際辞典《しんこくさいじてん》』を使《つか》い，「人《ひと》の態度《たいど》や行動《こうどう》に関《かん》する単語《たんご》」を約《やく》1万《まん》8000語《ご》も抜《ぬ》きだして，性格《せいかく》の特性《とくせい》をいくつかに分類《ぶんるい》する研究《けんきゅう》を行《おこな》いました。

1960～1980年代《ねんだい》には，複数《ふくすう》の研究者《けんきゅうしゃ》による大規模《だいきぼ》な統計《とうけい》やコンピューターを使《つか》った研究《けんきゅう》で，人《ひと》の性格《せいかく》をあらわす単語《たんご》は5種類《しゅるい》に集約《しゅうやく》できるという結果《けっか》が得《え》られました（129ページのイラスト）。この5種類《しゅるい》の特性《とくせい》のことを，「ビッグ・ファイブ」とよびます。言語《げんご》や文化《ぶんか》によらず，人間《にんげん》の性格《せいかく》に共通《きょうつう》する性質《せいしつ》なのではないかと考《かんが》えられています。

3 単純作業《たんじゅんさぎょう》をくりかえす，内田《うちだ》クレペリン精神検査《せいしんけんさ》

人《ひと》の性格《せいかく》をつかむ「性格検査《せいかくけんさ》」

　性格検査《せいかくけんさ》で最《もっと》も一般的《いっぱんてき》な方法《ほうほう》は，たくさんの質問《しつもん》を記《しる》した紙《かみ》を相手《あいて》に渡《わた》して，自分《じぶん》にあてはまるかどうかを「はい／いいえ／どちらともいえない」の3択《たく》や5段階評価《だんかいひょうか》などで答《こた》えてもらう「質《しつ》問紙法《もんしほう》」です。また，単純作業《たんじゅんさぎょう》を行《おこな》ってもらい，その結果《けっか》から性格《せいかく》を分析《ぶんせき》する，「作業検査法《さぎょうけんさほう》」とよばれる方法《ほうほう》もあります。

　作業検査法《さぎょうけんさほう》の代表的《だいひょうてき》なものに，1けたの数字《すうじ》の足《た》し算《ざん》をくりかえす，「内田《うちだ》クレペリン精神検《せいしんけん》査《さ》」があります（132～133ページの写真）。

3 作業量《さぎょうりょう》やまちがいをみる

「内田《うちだ》クレペリン精神検査《せいしんけんさ》」の検査用紙《けんさようし》です。左《ひだり》から右《みぎ》へ数字《すうじ》を足《た》して答《こたえ》の下《しも》1けたを記入《きにゅう》するという作業《さぎょう》を1分間《ぶんかん》つづけ，これを15分《ふん》ずつ2回行《かいおこな》います。

（提供《ていきょう》：日本《にほん》・精神《せいしん》技術研究所《ぎじゅつけんきゅうじょ》）

作業量《さぎょうりょう》，作業曲線《さぎょうきょくせん》，誤答《ごとう》から性格《せいかく》や行動《こうどう》を判定《はんてい》

内田《うちだ》クレペリン精神検査《せいしんけんさ》は，ドイツの精神医学《せいしんいがく》者《しゃ》のエミール・クレペリン（1856～1926）の研《けん》究成果《きゅうせいか》をもとに，日本《にほん》の心理学者《しんりがくしゃ》の内田勇三郎《うちだゆうざぶろう》（1894～1966）が開発《かいはつ》したものです。

内田《うちだ》クレペリン精神検査《せいしんけんさ》では，作業量《さぎょうりょう》（全体《ぜんたい》の計算量《けいさんりょう》）で処理能力《しょりのうりょく》の程度《ていど》を，作業曲線《さぎょうきょくせん》（1分《ぷん》ごとの計算量《けいさんりょう》の変化《へんか》）と誤答《ごとう》で性格《せいかく》や行動面《こうどうめん》の特徴《とくちょう》を判定《はんてい》します。就職採用試験《しゅうしょくさいようしけん》で導入《どうにゅう》している企《き》業《ぎょう》や自治体《じちたい》もあります。

memo

博士《はかせ》！教《おし》えて!!

性格《せいかく》はかえられる？

博士《はかせ》，こんにちは。最近《さいきん》，瞑想《めいそう》をはじめたんですよ。もっと冷静《れいせい》で落《お》ち着《つ》いた性格《せいかく》になりたいと思《おも》って。

ふむ。性格《せいかく》はかえられると思《おも》っておるのか。

えっ，ちがうんですか。

性格《せいかく》がかわったようにみえることは，あるじゃろう。

ええ，久《ひさ》しぶりに会《あ》ったら明《あか》るくなっていたとか。

じゃが，性格《せいかく》は地層《ちそう》のようにたくさんの層《そう》をなしていて，表層《ひょうそう》の部分《ぶぶん》がかわったようにみえても，根本的《こんぽんてき》な部分《ぶぶん》は決《き》まっていると考《かんが》えられておるんじゃ。

ビッグファイブ理論《りろん》の五《いつ》つの特性《とくせい》ですね。性《せい》格《かく》をかえたらストレスが減《へ》ると思《おも》ったのに……。

かえるよりも，自分《じぶん》の性格《せいかく》を正《ただ》しくとらえ，自分自身《じぶんじしん》と周囲《しゅうい》や社会《しゃかい》との間《あいだ》でうまく折《お》り合《あ》いをつける方法《ほうほう》を考《かんが》えることじゃ。

夢占《ゆめうらな》いと夢分析《ゆめぶんせき》

古代《こだい》，夢《ゆめ》は神《かみ》のお告《つ》げだと思《おも》われていました。時代《じだい》が下《くだ》ると，今度《こんど》は，夢《ゆめ》は占《うらな》いに使《つか》われるようになりました。たとえば歯《は》が抜《ぬ》ける夢《ゆめ》は，変化《へんか》を意味《いみ》するなどです。しかしこれらは，根拠《こんきょ》がない，あくまで民間《みんかん》の伝承《でんしょう》でした。

夢《ゆめ》に最初《さいしょ》に科学的《かがくてき》なメスを加《くわ》えたのは，オーストリアの精神科医《せいしんかい》のジークムント・フロイト（1856～1939）です。**フロイトは，夢《ゆめ》には人《ひと》が普段《ふだん》おさえている願望《がんぼう》があらわれていると考《かんが》えました。そして心《こころ》に問題《もんだい》のある人《ひと》の夢《ゆめ》を分析《ぶんせき》すれば，問題《もんだい》の原因《げんいん》を解明《かいめい》できるとしました。**

スイスの精神科医《せいしんかい》で心理学者《しんりがくしゃ》のカール・グスタフ・ユング（1875～1961）は，分析心理学《ぶんせきしんりがく》を確立《かくりつ》し，夢《ゆめ》をさらに重視《じゅうし》しました。**ユングは，人間《にんげん》が**

意識《いしき》したり言葉《ことば》で説明《せつめい》したりするものは願望《がんぼう》の一部《いちぶ》で，それを補《おぎな》うのが夢《ゆめ》であると考《かんが》えました。そして心《こころ》に問題《もんだい》がある人《ひと》は，夢《ゆめ》の意味《いみ》を知《し》ることで回復《かいふく》するとしました。こうして夢《ゆめ》は，神《かみ》のお告《つ》げや占《うらな》いの道具《どうぐ》から，心理学《しんりがく》の研究対象《けんきゅうたいしょう》となったのです。

4 人《ひと》の心《こころ》は生涯《しょうがい》，成長《せいちょう》しつづける

一生《いっしょう》の心《こころ》の変化《へんか》を連続《れんぞく》してとらえる

人《ひと》は生《う》まれると，体《からだ》だけではなく，心《こころ》も変化《へんか》させながら生《い》きていきます。かつて人《ひと》の心理《しんり》は，未完成《みかんせい》な段階《だんかい》から大人《おとな》になると完成《かんせい》し，大人《おとな》になったあとは機能《きのう》が低下《ていか》していくだけだととらえられていました。そのため，まず幼児期《ようじき》や青年期《せいねんき》の心理《しんり》が注目《ちゅうもく》され，つづいてほかのステージにおける心理《しんり》の研究《けんきゅう》がはじまりました。

その後《ご》，胎児《たいじ》の時期《じき》から老《お》いて死《し》にゆくまでの人《ひと》の一生《いっしょう》の心《こころ》の変化《へんか》を連続《れんぞく》してとらえ，理解《りかい》しようとする考《かんが》え方《かた》がでてきました。それが，「生《しょう》涯《がい》発達《はったつ》心理学《しんりがく》」です。

「乗《の》りこえるべき課題《かだい》が，くりかえし発生《はっせい》する」

アメリカの発達心理学者《はったつしんりがくしゃ》のエリック・エリクソン（1902～1994）は，「人《ひと》には生涯《しょうがい》にわたって体《からだ》，および自身《じしん》を取《と》り巻《ま》く環境《かんきょう》の変化《へんか》があり，乗《の》りこえるべき課題《かだい》がくりかえし発生《はっせい》する」という視点《してん》をもっていました。そしてこの視点《してん》から，独自《どくじ》のライフサイクル論《ろん》を提唱《ていしょう》しました。エリクソンのライフサイクル論《ろん》によると，人《ひと》の一生《いっしょう》は乳児期《にゅうじき》から老年期《ろうねんき》まで，八《やっ》つの段階《だんかい》に分《わ》けられます。

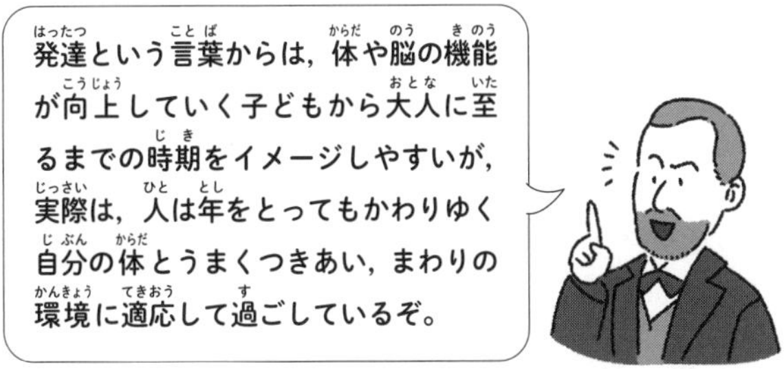

4 エリクソンのライフサイクル論《ろん》

エリクソンは，人《ひと》の一生《いっしょう》は「乳児期《にゅうじき》」「幼児期初期《ようじきしょき》」「遊戯期《ゆうぎき》」「学童期《がくどうき》」「青年期《せいねんき》」「前成人期《ぜんせいじんき》」「成人期《せいじんき》」「老年期《ろうねんき》」の八《やっ》つの発達段階《はったつだんかい》に分《わ》けられると考《かんが》えました。

発達段階《はったつだんかい》	心理《しんり》・社会的発達課題《しゃかいてきはったつかだい》（心理《しんり》・社会的危機《しゃかいてききき》）	発達課題《はったつかだい》の内容《ないよう》・意味《いみ》
I 乳児期《にゅうじき》	基本的信頼《きほんてきしんらい》 vs. 不信《ふしん》	他者《たしゃ》は信頼《しんらい》できるもので，自分《じぶん》には価《か》値《ち》があり，この世界《せかい》は居心地《いごこち》がいいというような感覚《かんかく》をもつ。
II 幼児期初期《ようじきしょき》	自律性《じりつせい》 vs. 恥《はじ》・疑惑《ぎわく》	排泄《はいせつ》を中心《ちゅうしん》として，保持《ほじ》すること・排《はい》除《じょ》することの自律性《じりつせい》（自己統制《じことうせい》）を獲得《かくとく》する。
III 遊戯期《ゆうぎき》	自主性《じしゅせい》 vs. 罪悪感《ざいあくかん》	大人《おとな》のようになりたくて，積極的《せっきょくてき》に環《かん》境《きょう》に働《はたら》きかける。傷《きず》つかない積極性《せっきょくせい》（自主性《じしゅせい》）を獲得《かくとく》，何《なに》かを成《な》しとげるのは楽《たの》しいと感《かん》じる。
IV 学童期《がくどうき》	勤勉性《きんべんせい》 vs. 劣等感《れっとうかん》	遊《あそ》びや空想《くうそう》の中《なか》で満足《まんぞく》するのではなく，現実的《げんじつてき》な物事《ものごと》を達成《たっせい》することで満足《まんぞく》を得《え》るようになる（勤勉性《きんべんせい》・生産性《せいさんせい》の獲《かく》得《とく》）。
V 青年期《せいねんき》	同一性《どういつせい》 vs. 同一性拡散《どういつせいかくさん》	自己同一性《じこどういつせい》（アイデンティティ）の確《かく》立《りつ》。これができないと，自分《じぶん》がないような不安定《ふあんてい》で混乱《こんらん》した状態《じょうたい》になる。

発達段階《はったつだんかい》	心理《しんり》・社会的発達課題《しゃかいてきはったつかだい》 （心理《しんり》・社会的危機《しゃかいてききき》）	発達課題《はったつかだい》の内容《ないよう》・意味《いみ》
Ⅵ 前成人期《ぜんせいじんき》	親密性《しんみつせい》 vs. 孤立《こりつ》	特定《とくてい》の他者《たしゃ》（パートナー）との親密《しんみつ》な関《かん》係《けい》がもて，同時《どうじ》に個《こ》としての自分《じぶん》もゆるがない。これが獲得《かくとく》できないと孤立《こりつ》感《かん》が育《そだ》つ。
Ⅶ 成人期《せいじんき》	世代性《せだいせい》 vs. 停滞《ていたい》	次世代《じせだい》の人間《にんげん》（子《こ》，後輩《こうはい》など）を育《はぐく》むことへの興味《きょうみ》・関心《かんしん》をもつ。他者《たしゃ》の育《そだ》ちに喜《よろこ》びを感《かん》じることで，限定《げんてい》された自《じ》己《こ》をこえる。
Ⅷ 老年期《ろうねんき》	統合性《とうごうせい》 vs. 絶望《ぜつぼう》	自分《じぶん》の唯一《ゆいいつ》のライフサイクルを受《う》け入《い》れ，自分《じぶん》の人生《じんせい》は自分《じぶん》の責任《せきにん》であることを受《う》け入《い》れる。これができないと，絶望感《ぜつぼうかん》があらわれる。

体《からだ》や環境《かんきょう》の変化《へんか》によって生《しょう》じる発《はっ》達課題《たつかだい》（危機《きき》）を乗《の》りこえて，次《つぎ》の発《はっ》達段階《たつだんかい》へと進《すす》むリス。

5 10代《だい》のはげしい反抗期《はんこうき》は，ない場合《ばあい》もある

青春期《せいしゅんき》には，親《おや》ばなれの準備《じゅんび》がはじまる

青春期《せいしゅんき》は10～18歳《さい》ごろとされ，第二次性徴《だいにじせいちょう》の時期《じき》にあたります。身長《しんちょう》や体重《たいじゅう》が増加《ぞうか》し，親《おや》と並《なら》ぶほどの体格《たいかく》になる人《ひと》も出《で》てきます。また，物事《ものごと》を論理的《ろんりてき》に考《かんが》える能力《のうりょく》もついてきて，親《おや》や教師《きょうし》のいうことがすべて正《ただ》しいわけではないことにも気《き》づいていきます。

そういった中《なか》で，親《おや》と心理的《しんりてき》にも物理的《ぶつりてき》にも一《いっ》定《てい》の距離《きょり》を置《お》くようになり，親《おや》ばなれの準備《じゅんび》がはじまります。心身《しんしん》の変化《へんか》に心《こころ》が追《お》いつかず，いらいらしたり孤立感《こりつかん》を感《かん》じがちになる時期《じき》でもあり，これらが非行《ひこう》や不登校《ふとうこう》などにつながることもあります。

5 青春期《せいしゅんき》は，親《おや》ばなれの時期《じき》

青春期《せいしゅんき》は，体《からだ》が大《おお》きな変化《へんか》をとげるとともに，本格《ほんかく》的《てき》な親《おや》ばなれの時期《じき》でもあります。はげしい反抗期《はんこうき》を経験《けいけん》する人《ひと》もいれば，目立《めだ》った反抗期《はんこうき》がない人《ひと》もいます。

葛藤《かっとう》は，健全《けんぜん》な発達《はったつ》をあとおし

　これまでの発達心理学《はったつしんりがく》のモデルでは，親《おや》ばなれに至《いた》るまでには，親《おや》と子どものはげしい葛藤《かっとう》を経《けい》験《けん》するものだと説明《せつめい》されてきました。しかし近年《きんねん》の新《あたら》しいモデルでは，両親《りょうしん》は子どもにとって重《じゅう》要《よう》なアドバイザーであり，小《ちい》さな子どものときとかわらず愛着《あいちゃく》の対象《たいしょう》であると考《かんが》えられています。また，葛藤《かっとう》があっても多《おお》くはそれほどはげしいものではなく，その葛藤《かっとう》は健全《けんぜん》な発達《はったつ》をあとおしするとされます。

6 青春期《せいしゅんき》に経験《けいけん》する アイデンティティクライシス

「これが自分《じぶん》である」という感覚《かんかく》

青年期《せいねんき》（10歳前後《さいぜんご》から就職《しゅうしょく》するころまで）は，社会《しゃかい》に出《で》ていく準備《じゅんび》の時期《じき》でもあります。**エリクソンによると，アイデンティティ（自己同一《じこどういつ》性《せい》）を確立《かくりつ》することが課題《かだい》となる時期《じき》です。**

アイデンティティとは，エリクソンによると，「自分《じぶん》はほかの何者《なにもの》ともちがう自分《じぶん》である（斉一《せいいつ》性《せい》）」「過去《かこ》，現在《げんざい》，未来《みらい》にわたって自分《じぶん》は同《おな》じ自《じ》分《ぶん》である（連続性《れんぞくせい》または一貫性《いっかんせい》）」という実感《じっかん》があるということです。さらに，「これが自分《じぶん》である」という感覚《かんかく》が，他者《たしゃ》からも同《おな》じように感《かん》じられている（相互性《そうごせい》）ことも条件《じょうけん》です。

過去《かこ》からのつながりを感《かん》じにくくなる

青年期《せいねんき》は急激《きゅうげき》な体《からだ》の変化《へんか》により，自分自身《じぶんじしん》の過去《かこ》からのつながりを感《かん》じにくくなります。進路《しんろ》問題《もんだい》や友人関係《ゆうじんかんけい》，恋愛《れんあい》や親《おや》との関係《かんけい》の変化《へんか》などの悩《なや》みもあり，子ども時代《じだい》から築《きず》いてきた「これが自分《じぶん》」という像《ぞう》が不確《ふたし》かになりがちです。これを，「アイデンティティクライシス」といいます。

アイデンティティを確立《かくりつ》するまでに悩《なや》み，試行《しこう》錯誤《さくご》する時期《じき》（モラトリアム）は，精神的《せいしんてき》に不安《ふあん》定《てい》になりやすいことが知《し》られています。

6 自分《じぶん》は何《なん》なのか不安《ふあん》になる

アイデンティティを確立《かくりつ》する過程《かてい》では，アイデンティティクライシスを経験《けいけん》します。過去《かこ》からのつながりを感《かん》じにくくなり，自分《じぶん》は何《なん》なのかというような疑問《ぎもん》にぶつかります。

7 小中学生《しょうちゅうがくせい》の6.5％は，発達障害《はったつしょうがい》の可能性《かのうせい》

発達障害《はったつしょうがい》は，脳機能《のうきのう》の障害《しょうがい》

小学校《しょうがっこう》の入学時《にゅうがくじ》に判明《はんめい》することが多《おお》い問題《もんだい》に，「発達障害《はったつしょうがい》」があります。発達障害《はったつしょうがい》とは，発達障《はったつしょう》害者支援法《がいしゃしえんほう》の定義《ていぎ》によると，自閉症《じへいしょう》やアスペルガー症候群《しょうこうぐん》などの「広汎性発達障害《こうはんせいはったつしょうがい》」，「学習障《がくしゅうしょう》害《がい》（LD）」，「注意欠陥《ちゅういけっかん》（欠如《けつじょ》）・多動性障害《たどうせいしょうがい》（ADHD）」，そのほかこれに類《るい》する脳機能《のうきのう》の障害《しょうがい》とされています。小中学生《しょうちゅうがくせい》の6.5％に，発達障《はったつしょう》害《がい》の可能性《かのうせい》があるという統計結果《とうけいけっか》もあります。

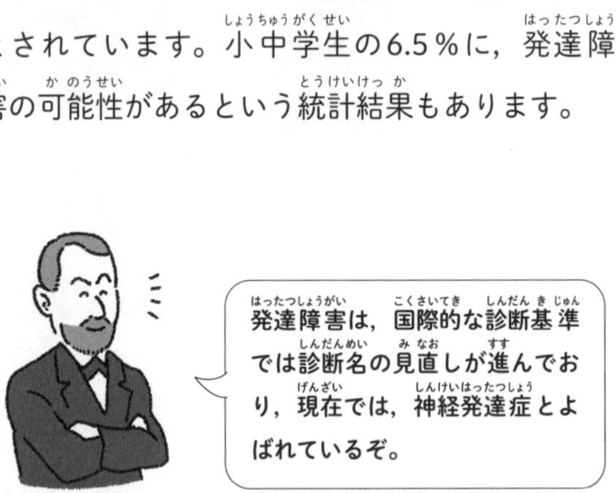

7 発達障害《はったつしょうがい》の種類《しゅるい》はさまざま

発達障害《はったつしょうがい》といっても，その種類《しゅるい》はさまざまです。代表的《だいひょうてき》なものに，「広汎性発達障害《こうはんせいはったつしょうがい》」「学習障害《がくしゅうしょうがい》（LD）」「注意欠陥《ちゅういけっかん》（欠如《けつじょ》）・多動性障害《たどうせいしょうがい》（ADHD）」があります。

広汎性発達障害《こうはんせいはったつしょうがい》

他人《たにん》とのコミュニケーションがうまくとれなかったり，興味《きょうみ》や活動《かつどう》にかたよりがあります。

学習障害《がくしゅうしょうがい》（LD）

「読《よ》む」「書《か》く」「話《はな》す」「計算《けいさん》する」などのうち，特定《とくてい》のものが困難《こんなん》です。

注意欠陥《ちゅういけっかん》（欠如《けつじょ》）・多動性障害《たどうせいしょうがい》（ADHD）

不注意《ふちゅうい》，落《お》ちつきのなさ，衝動性《しょうどうせい》などが，生活《せいかつ》や学業《がくぎょう》に悪影響《あくえいきょう》をおよぼしています。

大人《おとな》が，子《こ》にあった対応《たいおう》をすることが大切《たいせつ》

「広汎性発達障害《こうはんせいはったつしょうがい》」は，自閉症《じへいしょう》および自閉症《じへいしょう》に類似《るいじ》した症状《しょうじょう》をもつものの総称《そうしょう》です。「学習障《がくしゅうしょう》害《がい》」は，知的《ちてき》な発達《はったつ》には遅《おく》れがないにもかかわらず，文章《ぶんしょう》を読《よ》むことや書《か》くこと，話《はな》すこと，計《けい》算《さん》することなどのうち，特定《とくてい》のものが困難《こんなん》な障《しょう》害《がい》です。「注意欠陥《ちゅういけっかん》・多動性障害《たどうせいしょうがい》」には，目《め》の前《まえ》の課題《かだい》に意識《いしき》を集中《しゅうちゅう》できず，空想《くうそう》にふけったりする不注意《ふちゅうい》タイプと，落《お》ち着《つ》きなく動《うご》きまわり，何《なに》かあると過剰《かじょう》に反応《はんのう》する多動性《たどうせい》・衝動性《しょうどうせい》のタイプ，そして両方《りょうほう》をあわせもったタイプがあります。

発達障害《はったつしょうがい》をもつ子《こ》の育児《いくじ》は，より早《はや》い段階《だんかい》でまわりの大人《おとな》が子《こ》の困難《こんなん》に気《き》づき，大人《おとな》が子《こ》にあった対応《たいおう》を身《み》につけることが大切《たいせつ》です。

8　40～45歳《さい》は，人生《じんせい》で最《もっと》も重要《じゅうよう》な転換期《てんかんき》

さまざまな事態《じたい》に直面《ちょくめん》する中年期《ちゅうねんき》

一般的《いっぱんてき》に40～65歳《さい》ごろは，成人期《せいじんき》，または中年期《ちゅうねんき》とよばれる時期《じき》です。最《もっと》も安定《あんてい》，充実《じゅうじつ》している時期《じき》といわれる一方《いっぽう》で，中年《ちゅうねん》クライシスという言葉《ことば》も有名《ゆうめい》です。

仕事《しごと》では責任《せきにん》のある地位《ちい》につき，やりがいを感《かん》じる反面《はんめん》，その責任《せきにん》の重《おも》さや，体力《たいりょく》や能力《のうりょく》の限界《げんかい》，親《おや》の介護《かいご》など，さまざまな事態《じたい》に直面《ちょくめん》します。

長《なが》い時間軸《じかんじく》や社会《しゃかい》とのつながりを考《かんが》える

中年期《ちゅうねんき》をくわしく研究《けんきゅう》したのが，アメリカの心理学者《しんりがくしゃ》のダニエル・レビンソン（1920～1994）です。レビンソンは，40～45歳《さい》を人生《じんせい》の折《お》り返《かえ》し地点《ちてん》であるととらえ，この時期《じき》の移行《いこう》がとくに重要《じゅうよう》と考《かんが》えました。自分《じぶん》のやってきたことを再評価《さいひょうか》して，自分《じぶん》がこれからできることについて考《かんが》え，新《あたら》しい生《い》き方《かた》をみつけだす時期《じき》としました。

エリクソンによるライフサイクル論《ろん》では，中《ちゅう》年期《ねんき》の課題《かだい》は，子どもや次《つぎ》の世代《せだい》を育《そだ》てることです。中年期《ちゅうねんき》は世代間《せだいかん》という長《なが》い時間軸《じかんじく》や社会《しゃかい》とのつながりを考《かんが》えるという意味《いみ》で，それまでと大《おお》きくことなるといえます。

8 人生《じんせい》の折《お》り返《かえ》し地点《ちてん》

40 ～ 45歳《さい》は人生《じんせい》の折《お》り返《かえ》し地点《ちてん》で，大《おお》きな転換期《てんかんき》だといいます。仕事《しごと》では，やりがいとともに重責《じゅうせき》も感《かん》じるようになり，体力的《たいりょくてき》には老《お》いへの自覚《じかく》が出《で》てくる時期《じき》です。

9 出産直後《しゅっさんちょくご》の母子《ぼし》のふれ合《あ》いが，産後《さんご》うつ防止《ぼうし》に効果的《こうかてき》

産後《さんご》うつになる女性《じょせい》は10～15％にのぼる

出産前後《しゅっさんぜんご》の女性《じょせい》は，体《からだ》が大《おお》きく変化《へんか》するとともに，精神的《せいしんてき》にも非常《ひじょう》に不安定《ふあんてい》になります。「産《さん》後《ご》うつ」になる女性《じょせい》は，先進国《せんしんこく》では10～15％にのぼることが明《あき》らかになっています。これは一般《いっぱん》女性《じょせい》がうつになるよりも高《たか》い割合《わりあい》です。

母親《ははおや》の胸元《むなもと》で新生児《しんせいじ》と肌《はだ》を直接《ちょくせつ》ふれ合《あ》わせる「早期母子接触《そうきぼしせっしょく》」が，母親《ははおや》の産後《さんご》うつの防止《ぼうし》によいことがわかっています。新生児《しんせいじ》と直接《ちょくせつ》ふれ合《あ》うことで，ホルモンの一種《いっしゅ》であるオキシトシンが放出《ほうしゅつ》され，母親《ははおや》のストレスが低下《ていか》するためではないかと考《かんが》えられています。

9 早期母子接触《そうきぼしせっしょく》

産後《さんご》うつの防止《ぼうし》に「早期母子接触《そうきぼしせっしょく》」がよいとされています。ただし，出生直後《しゅっせいちょくご》の新生児《しんせいじ》は体調《たいちょう》が不安《ふあん》定《てい》で，母親《ははおや》も痛《いた》みや疲労《ひろう》で注意力《ちゅういりょく》が下《さ》がっているので，注意《ちゅうい》が必要《ひつよう》です。

だれでも産後《さんご》うつになる可能性《かのうせい》がある

出産後《しゅっさんご》の女性《じょせい》は定期的《ていきてき》な診察《しんさつ》もなくなり，社《しゃ》会《かい》との接点《せってん》が少《すく》なくなるため，精神的《せいしんてき》な問題《もんだい》が発《はっ》生《せい》してもみつけることがむずかしくなります。出産前《しゅっさんまえ》からの切《き》れ目《め》のない支援《しえん》が重要《じゅうよう》で，行政《ぎょうせい》の取《と》り組《く》みが進《すす》められています。だれでも産後《さんご》うつなどになる可能性《かのうせい》があることや，精神的《せいしんてき》な不《ふ》調《ちょう》が生《しょう》じても相談《そうだん》できる窓口《まどぐち》があることを知《し》っておくことで，妊娠《にんしん》や子育《こそだ》ての期間《きかん》を安心《あんしん》して過《す》ごすことができるでしょう。

マタニティーブルーと呼《よ》ばれる現象《げんしょう》もあるけど，これは産後《さんご》うつとは区別《くべつ》されているもので，たいていは数日《すうじつ》で終《お》わるそうだリス。

10 65歳《さい》をすぎたら目指《めざ》す，「サクセスフルエイジング」

前向《まえむ》きに加齢《かれい》とつきあっていく

老年期《ろうねんき》は一般的《いっぱんてき》に，退職《たいしょく》する65歳《さい》ごろ以降《いこう》とされます。心身《しんしん》の機能《きのう》が低下《ていか》し，社会《しゃかい》とのつながりが大《おお》きく変化《へんか》するとともに，身近《みぢか》な人《ひと》が亡《な》くなるという体験《たいけん》もふえる時期《じき》です。そういった状況《じょうきょう》と向《む》き合《あ》いながらも，より精神的《せいしんてき》に充実《じゅうじつ》した日々《ひび》を送《おく》っていけるよう，前向《まえむ》きに加齢《かれい》とつきあっていくあり方《かた》を，「サクセスフルエイジング」といいます。

老年期《ろうねんき》はこれまでの人生経験《じんせいけいけん》に意義《いぎ》を見《み》いだし，あらたな世界《せかい》を開《ひら》く時期《じき》だとも考《かんが》えられます。自由《じゆう》になる時間《じかん》がふえ，趣味《しゅみ》や社会貢献《しゃかいこうけん》など，新《あら》たな生《い》きがいをみつけ，新《あら》たな社会《しゃかい》や他者《たしゃ》とのつながりをつくることもできます。

老年期《ろうねんき》のはじまりは，第二《だいに》の人生《じんせい》のスタート地点《ちてん》

自分《じぶん》なりの方法《ほうほう》でくふうして喪失体験《そうしつたいけん》と向《む》き合《あ》う人《ひと》は，幸福度《こうふくど》が高《たか》いといわれています。そのためには早《はや》くから，退職後《たいしょくご》や子育《こそだ》て後《ご》の人生設計《じんせいせっけい》を考《かんが》えることが大切《たいせつ》でしょう。老年期《ろうねんき》のはじまりは，第二《だいに》の人生《じんせい》のスタート地点《ちてん》ともいえます。すこやかに老《お》いるためにできることは，いろいろあるといえそうです。

10 心《こころ》のもちようも大事《だいじ》

第二《だいに》の人生《じんせい》をいかに過《す》ごすか，早《はや》くから考《かんが》えておくことが大切《たいせつ》です。また，たとえ心身機能《しんしんきのう》の低下《ていか》などがあっても，心《こころ》のもちようで幸福度《こうふくど》はかわるといいます。

ユングの神秘経験《しんぴけいけん》

1875年《ねん》
ユング、
スイスに生《う》まれる

名門《めいもん》
バーゼル大学《だいがく》で学《まな》び、
精神科医《せいしんかい》となる

1898年《ねん》
ポルターガイストを
経験《けいけん》し、
オカルト現象《げんしょう》に
関心《かんしん》をもつ

精神病《せいしんびょう》の
治療《ちりょう》の過程《かてい》で
マンダラを見出《みいだ》し、
東洋思想《とうようしそう》も
取《と》り入《い》れた

1934年《ねん》
神秘的思想《しんぴてきしそう》を
研究《けんきゅう》する
「エラノス会議《かいぎ》」に
出席《しゅっせき》した

フロイトとの決別《けつべつ》

第《だい》6章《しょう》

心《こころ》の問題《もんだい》を取《と》り除《のぞ》く心理学《しんりがく》

人《ひと》は，心《こころ》に問題《もんだい》をかかえることがあります。そのようなときに，問題《もんだい》を軽《かる》くしたり，前向《まえむ》きな気持《きも》ちを発揮《はっき》しやすくしたりしてくれるのが，「臨床心理学《りんしょうしんりがく》」です。

1 不安《ふあん》や悲《かな》しみを取《と》り除《のぞ》く，臨床心理士《りんしょうしんりし》と公認心理師《こうにんしんりし》

心《こころ》が健康《けんこう》になるよう支援《しえん》する

人《ひと》の心《こころ》は，いつも元気《げんき》な状態《じょうたい》とは限《かぎ》りません。悩《なや》んだり落《お》ちこんだり，恐怖《きょうふ》を感《かん》じたりするときがあり，深刻《しんこく》になりすぎると，あたりまえの生《せい》活《かつ》を送《おく》ることがむずかしくなってしまう場合《ばあい》もあります。

「臨床心理学《りんしょうしんりがく》」は，そういった人《ひと》の心《こころ》の健康《けんこう》をあつかう心理学《しんりがく》です。臨床心理学《りんしょうしんりがく》をおさめた「臨《りん》床心理士《しょうしんりし》」や「公認心理師《こうにんしんりし》」は，カウンセラー（相談員《そうだんいん》）としてクライエント（来談者《らいだんしゃ》）と向《む》き合《あ》い，対話《たいわ》したり，心理学的《しんりがくてき》な介入《かいにゅう》を行《おこな》ったりして，心《こころ》が健康《けんこう》になるように支援《しえん》します。

1 臨床心理士《りんしょうしんりし》と公認心理師《こうにんしんりし》

「臨床心理士《りんしょうしんりし》」は，公益財団法人日本臨床心理士資《こうえきざいだんほうじんにほんりんしょうしんりしし》格認定協会《かくにんていきょうかい》が認定《にんてい》する民間《みんかん》の資格《しかく》です。2018年度《ねんど》からは，国家資格《こっかしかく》である「公認心理師《こうにんしんりし》」の認定《にんてい》もはじまっています。

配属《はいぞく》されているのは精神科《せいしんか》だけではない

　臨床心理士《りんしょうしんりし》や公認心理師《こうにんしんりし》が最《もっと》も多《おお》く配属《はいぞく》されているのは，保健《ほけん》・医療領域《いりょうりょういき》で，その数《かず》は全体《ぜんたい》の約《やく》4割《わり》を占《し》めます。精神科《せいしんか》だけではなく，小児《しょうに》科《か》，内科《ないか》，皮膚科《ひふか》，産婦人科《さんふじんか》，外科《げか》，リハビリテーション科《か》で受診《じゅしん》する患者《かんじゃ》や，終末期医療《しゅうまつきいりょう》を受《う》けている患者《かんじゃ》とかかわっています。**こういった現《げん》場《ば》でカウンセラーは，体《からだ》の症状《しょうじょう》にストレスや本《ほん》人《にん》の性格《せいかく》が関係《かんけい》していないのかを調《しら》べたり，クライエントが抱《かか》える不安《ふあん》や悲《かな》しみ，恐怖《きょうふ》がやわらぐよう，心理学的《しんりがくてき》な介入《かいにゅう》を行《おこな》ったりします。**

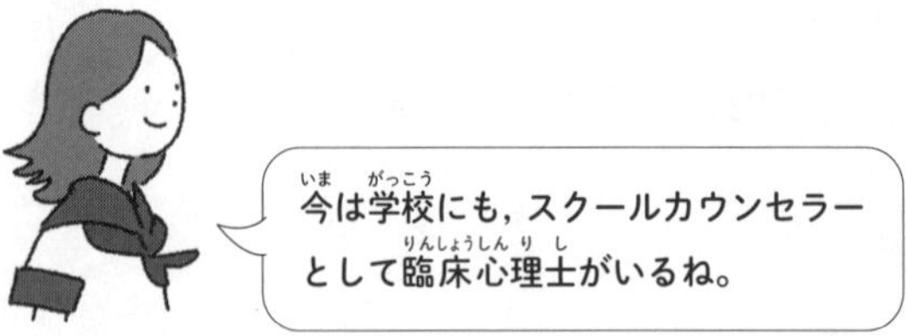

2 カウンセリング初期《しょき》のアドバイスは，むしろ逆効《ぎゃくこう》果《か》

話《はなし》をていねいに聞《き》き信頼関係《しんらいかんけい》を築《きず》く

　クライエントの心《こころ》が健康《けんこう》になるよう支援《しえん》するためには，まず，なぜクライエントが心《こころ》に悩《なや》みを抱《かか》えるに至《いた》ったのか，その要因《よういん》を知《し》る必要《ひつよう》があります。そのためカウンセラーとしていちばん大《だい》事《じ》なことは，クライエントの話《はなし》をていねいに聞《き》き，信頼関係《しんらいかんけい》を築《きず》くことだとされています。もし話《はなし》を最後《さいご》まで聞《き》かずに途中《とちゅう》でさえぎってしまったら，クライエントがカウンセラーに心《こころ》を開《ひら》いてくれなくなるからです。

率直《そっちょく》な気持《きも》ちや事実《じじつ》を話《はな》してもらう

カウンセラーがクライエントに対《たい》して，面接初《めんせつしょ》期《き》の段階《だんかい》で何《なに》かアドバイスをすることも，してはいけないこととされています。そういうことをすれば，アドバイスの内容《ないよう》に含《ふく》まれるカウンセラーの価値観《かちかん》や意見《いけん》をクライエントが察《さっ》して，ほんとうに思《おも》っていることを話《はな》してくれなくなるからです。

カウンセラーは，クライエントが抱《いだ》いている率《そっ》直《ちょく》な気持《きも》ちや事実《じじつ》などを，よしあしの条件《じょうけん》をつけずに話《はな》してもらえるように努《つと》めながら，クライエントの置《お》かれた状況《じょうきょう》を整理《せいり》・理解《りかい》していく必《ひつ》要《よう》があるのです。

2 心《こころ》の扉《とびら》を開《ひら》くには

クライエントが心《こころ》を閉《と》ざしてしまうと，適切《てきせつ》な支援《しえん》ができなくなってしまいます。カウンセラーは，クライエントの話《はなし》をていねいに聞《き》くことで，クライエントとの信頼関係《しんらいかんけい》を築《きず》きます。

3 分析内容《ぶんせきないよう》を折《おり》にふれて伝《つた》える カウンセリングもある

話《はなし》を聞《き》くことに徹《てっ》する ロジャーズの方法《ほうほう》

現代《げんだい》のカウンセリングの方法《ほうほう》に大《おお》きな影響《えいきょう》をあたえたのが，アメリカの臨床心理学者《りんしょうしんりがくしゃ》のカール・ロジャーズ（1902～1987）です。ロジャーズは，クライエントの話《はなし》を聞《き》くことに徹《てっ》し，クライエントに共感《きょうかん》をもって接《せっ》するという，カウンセラーの姿勢《しせい》を提唱《ていしょう》しました。

分析内容《ぶんせきないよう》を伝《つた》えていく フロイトの方法《ほうほう》

一方《いっぽう》で，クライエントの状態《じょうたい》についてカウンセラーが分析《ぶんせき》した内容《ないよう》を，折《おり》にふれてクライエントに伝《つた》えていくというカウンセリングの方法《ほうほう》もあ

3 フロイトの方法《ほうほう》

フロイトの精神分析療法《せいしんぶんせきりょうほう》は，幼少期《ようしょうき》の記憶《きおく》が無意識《むいしき》の中《なか》におさえこまれているという考《かんが》え方《かた》にもとづきます。カウンセリングを通《つう》じてその記憶《きおく》をよみがえらせ，診療《しんりょう》に役立《やくだ》てます。

ります。フロイトの「精神分析療法《せいしんぶんせきりょうほう》」です。精神《せいしん》分析療法《ぶんせきりょうほう》は，幼少期《ようしょうき》のころに経験《けいけん》した出来事《できごと》や対人関係《たいじんかんけい》などは無意識《むいしき》の中《なか》におさえこまれており，成人後《せいじんご》の行動《こうどう》や思考《しこう》などにそれらがあらわれてくる，という考《かんが》え方《かた》にもとづきます。

クライエントは，カウンセラーにさまざまな話《はなし》をするうちに，無意識《むいしき》の中《なか》におさえこまれていた記憶《きおく》に気《き》づいていきます。カウンセラーは，その記憶《きおく》がクライエントの現在《げんざい》の状況《じょうきょう》にどんな影響《えいきょう》をあたえているのかを分析《ぶんせき》してクライエントに伝《つた》え，最終的《さいしゅうてき》には，現在《げんざい》の状況《じょうきょう》に至《いた》った背《はい》景《けい》をクライエント本人《ほんにん》に気《き》づいてもらうのです。

4 うつ病《びょう》の介入法《かいにゅうほう》に取《と》り入《い》れられる，「マインドフルネス」

落《お》ちこみや悲壮感《ひそうかん》から ネガティブな思考《しこう》が生《う》まれる

　うつ病《びょう》は，精神疾患《せいしんしっかん》の中《なか》でも身近《みぢか》な病気《びょうき》で，10～15人《にん》に1人《ひとり》は発症《はっしょう》すると考《かんが》えられています。**うつ病《びょう》になると，気分《きぶん》の落《お》ちこみや悲壮感《ひそうかん》が心《こころ》の状態《じょうたい》を占《し》め，ネガティブな思考《しこう》が生《う》まれてきます。何《なに》かをする気力《きりょく》がなくなったり，何《なん》にも関心《かんしん》を示《しめ》さなくなったりします。**

　うつ病《びょう》の介入法《かいにゅうほう》としては，クライエントの認《にん》知《ち》や行動《こうどう》を修正《しゅうせい》していく「認知行動療法《にんちこうどうりょうほう》」がよく使《つか》われていました。しかし，自分《じぶん》の認知《にんち》のゆがみを認《みと》めてかえていく作業《さぎょう》は，うつ病患者《びょうかんじゃ》にとっては大《おお》きな負担《ふたん》です。このため最近《さいきん》では，新《あたら》しい認知行動療法《にんちこうどうりょうほう》が注目《ちゅうもく》されています。**それは，「マインドフルネス」という，仏教《ぶっきょう》や禅《ぜん》の流《なが》れを**

受《う》けた方法《ほうほう》を取《と》り入《い》れたものです。

感情《かんじょう》や思考《しこう》を あるがままに受《う》け止《と》める

マインドフルネスは，この瞬間《しゅんかん》に感《かん》じている思考《しこう》や感情《かんじょう》をそのまま受《う》け入《い》れ，気《き》づくことに気持《きも》ちを集中《しゅうちゅう》させ，それらを一定《いってい》の距離《きょり》を保《たも》ってながめられるようにする方法《ほうほう》のことです。自分《じぶん》の感情《かんじょう》や思考《しこう》を否定《ひてい》せず，あるがままに受《う》け止《と》めながら少《すこ》しずつ行動《こうどう》をかえていくという介入《かいにゅう》法《ほう》がとられつつあるのです。

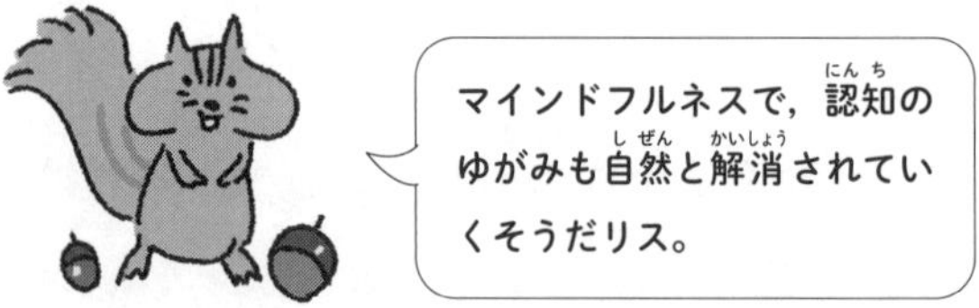

4 うつ病《びょう》は性別《せいべつ》，年齢《ねんれい》を問《と》わず

うつ病《びょう》というと，働《はたら》きざかりの世代《せだい》に多《おお》いイメージがあるかもしれません。しかしうつ病《びょう》は，子《こ》どもやシニア世代《せだい》でも発症《はっしょう》します。また，男女《だんじょ》も関係《かんけい》ありません。

5 家《いえ》の鍵《かぎ》をかけたか，何度《なんど》も確認《かくにん》する「強迫症《きょうはくしょう》」

生活《せいかつ》に支障《ししょう》をきたすほどの強《つよ》い不安《ふあん》

「不安症《ふあんしょう》」は，生活《せいかつ》に支障《ししょう》をきたすほどの強《つよ》い不安《ふあん》を感《かん》じる病気《びょうき》です。たとえば，何《なん》の前《まえ》ぶれもなく突然《とつぜん》呼吸《こきゅう》が苦《くる》しくなったり，動悸《どうき》がしたり，失神《しっしん》してしまったりする「パニック発作《ほっさ》」という症状《しょうじょう》があります。症状《しょうじょう》は20～30分《ぶん》でおさまるものの，クライエントはまた発作《ほっさ》がおきるのではないかとつねに強《つよ》い不安《ふあん》にとらわれながら過《す》ごすことになります。

不安症《ふあんしょう》の中《なか》には，ある特定《とくてい》のものに異常《いじょう》な恐《きょう》怖《ふ》を抱《いだ》く，「恐怖症《きょうふしょう》」というものもあります。戦《せん》争《そう》や災害《さいがい》，事故《じこ》などに遭遇《そうぐう》した人《ひと》は，「心的外傷《しんてきがいしょう》後《ご》ストレス障害《しょうがい》（PTSD）」を発症《はっしょう》してしまうことがあります。

5 確認《かくにん》しないと気《き》がすまない

家《いえ》の鍵《かぎ》をかけたかどうか不安《ふあん》になり，確認《かくにん》に戻《もど》ったことがあるという人《ひと》は多《おお》いのではないでしょうか。何度《なんど》も確認《かくにん》しないと気《き》がすまない場合《ばあい》は，確認強迫《かくにんきょうはく》にあたります。

行為《こうい》を止《と》められると強《つよ》い不安《ふあん》に襲《おそ》われる

症状《しょうじょう》の重《おも》さから，介入《かいにゅう》に困難《こんなん》をともなう疾患《しっかん》に，「強迫症《きょうはくしょう》」があります。自分《じぶん》でもおかしいと思《おも》いつつ，不安《ふあん》をおこす強迫観念《きょうはくかんねん》を打《う》ちはらうために同《おな》じ行為《こうい》をずっとやりつづけてしまう病気《びょうき》です。何度《なんど》も手《て》を洗《あら》わないと気《き》がすまない「洗浄強迫《せんじょうきょうはく》」，家《いえ》の鍵《かぎ》をかけたかを何度《なんど》も確認《かくにん》しないと気《き》がすまない「確認強迫《かくにんきょうはく》」などがあります。クライエントは，これらの行為《こうい》を止《と》められると，強《つよ》い不安《ふあん》に襲《おそ》われます。

6　不安《ふあん》や恐怖《きょうふ》に，あえてふれさせる介入法《かいにゅうほう》

不安《ふあん》や恐怖《きょうふ》を取《と》り除《のぞ》くのは有効《ゆうこう》ではない

不安症《ふあんしょう》や強迫症《きょうはくしょう》では，クライエントの不安《ふあん》や恐怖《きょうふ》を取《と》り除《のぞ》くという介入法《かいにゅうほう》は，有効《ゆうこう》ではないと考《かんが》えられています。

現在《げんざい》行《おこな》われている主《おも》な介入法《かいにゅうほう》の一《ひと》つが，日本《にほん》の精神科医《せいしんかい》である森田正馬《もりたまさたけ》が1919年《ねん》に開発《かいはつ》した，「森田療法《もりたりょうほう》」です。不安《ふあん》や恐怖《きょうふ》の感情《かんじょう》はそのまま置《お》いておいてもらい，症状《しょうじょう》のためにできないと思《おも》っていた日常《にちじょう》の作業《さぎょう》や行動《こうどう》を，無理《むり》のない範囲《はんい》で取《と》り組《く》んでもらいます。こうすることで，自分《じぶん》に生《しょう》じている不安《ふあん》や恐怖《きょうふ》に向《む》いていた注意《ちゅうい》や関心《かんしん》を，外《そと》に向《む》けてもらうのです。

不安《ふあん》や恐怖《きょうふ》を抱《かか》えることになれる

もう一《ひと》つの主《おも》な介入法《かいにゅうほう》として，クライエントが不安《ふあん》や恐怖《きょうふ》を感《かん》じる物事《ものごと》に，段階的《だんかいてき》に少《すこ》しずつふれさせる「曝露療法《ばくろりょうほう》」があります。**不安《ふあん》や恐《きょう》怖《ふ》は完全《かんぜん》に取《と》り除《のぞ》けるものではなく，自然《しぜん》にそなわっている感情《かんじょう》でもあるので，不安《ふあん》や恐怖《きょうふ》になれてもらうという考《かんが》え方《かた》です。**不安《ふあん》や恐怖《きょうふ》という感情《かんじょう》はあっても，不安《ふあん》や恐怖《きょうふ》を抱《かか》えることになれてもらい，それまでさけていたものをさけずに生活《せいかつ》できるようにするのです。

6 不安《ふあん》や恐怖《きょうふ》になれる

曝露療法《ばくろりょうほう》は，不安《ふあん》や恐怖《きょうふ》を感《かん》じる物事《ものごと》に，段階的《だんかいてき》に少《すこ》しずつふれさせる方法《ほうほう》です。不安《ふあん》や恐怖《きょうふ》になれてもらいます。

自己啓発《じこけいはつ》の父《ちち》 アドラー

大富豪《だいふごう》の援助《えんじょ》

公演《こうえん》で
ヨーロッパと
アメリカを
行《い》き来《き》していた
アドラー

1928年《ねん》ごろ
アメリカの大富豪《だいふごう》
チャールズ・ヘンリー・
デイビスと知《し》り合《あ》う

重《おも》い
うつ病《びょう》だった
デイビスの娘《むすめ》を
診察《しんさつ》

劇的《げきてき》に快方《かいほう》へと
向《む》かったことから、
絶大《ぜつだい》な信頼《しんらい》を得《え》る

以降《いこう》、
デイビスから
さまざまな
援助《えんじょ》を受《う》け

大学教授《だいがくきょうじゅ》の
職《しょく》を得《え》たり、
児童相談所《じどうそうだんじょ》を開《ひら》いたり
することができた

講演会《こうえんかい》も大盛況《だいせいきょう》で

お抱《かか》え
運転手《うんてんしゅ》つきの
車《くるま》で
移動《いどう》するように
なった

心《こころ》の問題《もんだい》をかかえたら

心《こころ》の問題《もんだい》は，いつだれの心《こころ》におきても不思議《ふしぎ》ではありません。たとえば家庭《かてい》では，育児《いくじ》ノイローゼや介護《かいご》うつになる可能性《かのうせい》があります。学校《がっこう》ではいじめ，職場《しょくば》ではパワーハラスメントなどの被害《ひがい》を受《う》けるかもしれません。薬物《やくぶつ》やアルコールなどの依存《いぞん》症《しょう》になってしまうことや，自傷《じしょう》や自殺《じさつ》につながりかねない深刻《しんこく》な心《こころ》の問題《もんだい》をかかえてしまうこともあります。

心《こころ》の問題《もんだい》をかかえたときのために，地域《ちいき》や学校《がっこう》には相談窓口《そうだんまどぐち》があります。精神科専門病院《せいしんかせんもんびょういん》などの医療機関《いりょうきかん》はもちろんのこと，保健所《ほけんじょ》や児童相談所《じどうそうだんじょ》などの公的機関《こうてききかん》もあります。教育関係《きょういくかんけい》の問題《もんだい》なら，スクールカウンセラーや学生相談室《がくせいそうだんしつ》などが有効《ゆうこう》です。働《はたら》く社会人《しゃかいじん》には「EAP（従業員支援《じゅうぎょういんしえん》プログラム）専門機関《せんもんきかん》」がありますし，もし自殺《じさつ》を考《かんが》えてしまった場合《ばあい》には，「いのちの電話《でんわ》」や「いのち支《ささ》える相談窓口《そうだんまどぐち》」があります。

臨床心理士《りんしょうしんりし》の団体《だんたい》である一般社団法人日本臨床《いっぱんしゃだんほうじんにほんりんしょう》心理士会《しんりしかい》では，ウェブサイトで臨床心理士《りんしょうしんりし》の紹介《しょうかい》を受《う》けつけています。心《こころ》の問題《もんだい》をかかえたら，ぜひ問《と》い合《あ》わせてください。

【おきやすい心《こころ》の問題《もんだい》】

家庭《かてい》でおきやすい問題《もんだい》	産後《さんご》うつ，育児《いくじ》ノイローゼ，家庭内暴力《かていないぼうりょく》，閉《と》じこもり，介護《かいご》うつなど
学校《がっこう》でおきやすい問題《もんだい》	いじめ，不登校《ふとうこう》など
職場《しょくば》でおきやすい問題《もんだい》	パワーハラスメント，過労《かろう》，セクシュアルハラスメントなど
そのほかの問題《もんだい》	薬物依存《やくぶついぞん》，アルコール依存《いぞん》，ゲーム依存《いぞん》，自傷《じしょう》，自殺《じさつ》など

【誰《だれ》に相談《そうだん》したらいい？】

医療領域《いりょうりょういき》	診療所《しんりょうじょ》，精神科専門病院《せいしんかせんもんびょういん》など
保健福祉領域《ほけんふくしりょういき》	保健所《ほけんじょ》・保健《ほけん》センター，精神保健福祉《せいしんほけんふくし》センター，児童相談《じどうそうだん》など
教育領域《きょういくりょういき》	学校《がっこう》のスクールカウンセラー，大学《だいがく》の学生相談室《がくせいそうだんしつ》，保健管理《ほけんかんり》センター，付属相談機関《ふぞくそうだんきかん》
産業領域《さんぎょうりょういき》	EAP（従業員支援《じゅうぎょういんしえん》プログラム）専門機関《せんもんきかん》
自殺関連《じさつかんれん》	いのちの電話《でんわ》，いのち支《ささ》える相談窓口《そうだんまどぐち》

【臨床心理士《りんしょうしんりし》に出会《であ》うには】

一般社団法人《いっぱんしゃだんほうじん》 日本臨床心理士会《にほんりんしょうしんりしかい》 「臨床心理士《りんしょうしんりし》に出会《であ》うには」	http://www.jsccp.jp/near/

memo

memo

さくいん

memo

主《おも》な内容《ないよう》

地球《ちきゅう》と生命《せいめい》の誕生《たんじょう》

岩石《がんせき》を集《あつ》めて，地球《ちきゅう》はどんどん大《おお》きくなった
生命《せいめい》の材料《ざいりょう》は，雷《かみなり》がつくったのかもしれない

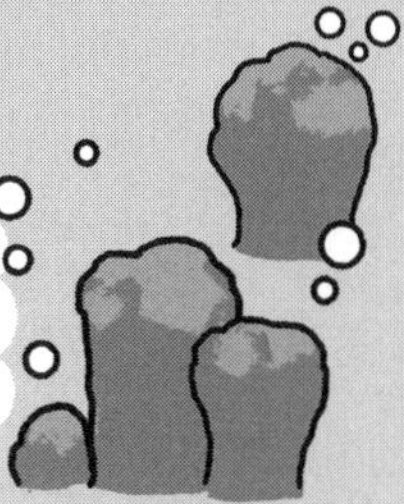

酸素《さんそ》の発生《はっせい》と地球《ちきゅう》大凍結《だいとうけつ》

大気《たいき》に酸素《さんそ》はなく，地球《ちきゅう》の空《そら》は赤《あか》かった
超大陸《ちょうたいりく》の分裂《ぶんれつ》が，地球《ちきゅう》を氷《こおり》づけにした

生命《せいめい》は陸上《りくじょう》に進出《しんしゅつ》し，恐竜《きょうりゅう》の時代《じだい》がやってきた

あごを手《て》に入《い》れた魚類《ぎょるい》が，急速《きゅうそく》に大型化《おおがたか》した
地球《ちきゅう》から酸素《さんそ》が消《き》えて，生物《せいぶつ》が大量《たいりょう》に絶滅《ぜつめつ》した

そして現代《げんだい》へ

恐竜《きょうりゅう》にかわり，哺乳類《ほにゅうるい》が大繁栄《だいはんえい》
大陸《たいりく》どうしの衝突《しょうとつ》で，ヒマラヤ山脈《さんみゃく》ができた

Staff

Editorial Management　中村真哉
Editorial Staff　道地恵介
Cover Design　岩本陽一
Design Format　村岡志津加（Studio Zucca）

Photograph

132, 133　日本・精神技術研究所

Illustration

表紙カバー　羽田野乃花さんのイラストを元に佐藤蘭名が作成
表紙　羽田野乃花さんのイラストを元に佐藤蘭名が作成
11~129　羽田野乃花
137~185　羽田野乃花

監修（敬称略）：
横田正夫（日本大学文理学部心理学科特任教授）

本書は主に，Newton 別冊『ゼロからわかる 心理学』の一部記事を抜粋し，
大幅に加筆・再編集したものです。

ニュートン超《ちょう》図《ず》解《かい》新書《しんしょ》
最強《さいきょう》に面《おも》白《しろ》い　心《しん》理《り》学《がく》　人間関係編《にんげんかんけいへん》

2023年9月15日発行

発行人　高森康雄
編集人　中村真哉
発行所　株式会社 ニュートンプレス　〒112-0012 東京都文京区大塚3-11-6
https://www.newtonpress.co.jp/

ISBN978-4-315-52736-0

ニュートン新書

うつ病の原因と治療の基本がわかる本

メアリー・ジェーン・タッキ
ジャン・スコット＝著
稲田 健＝監訳 大庭有美・林 カオリ＝訳